LET'S TALK TURKISH

CONVERSATION, WORDS & DIALOGUES

Your Next Language

Written by Illustrated by

Yasemen Dervish Evin Özalp Şahin

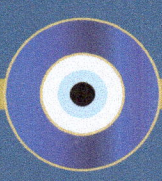

ABOUT THE AUTHOR

I was born in Türkiye in a city called Hatay in Samandağ. I came to England in 2003 to study English.

In 2005, I started to work at Leeds Metropolitan University as a Turkish Teacher where I met so many wonderful and enthusiastic students. They motivated me to learn and teach more and more and to work towards my ambition to become a fully qualified teacher. So, as well as my teaching career and having a family with two wonderful children, I also did a degree at Leeds University and gained my teaching qualifications. I am now a school teacher in a fantastic primary school in Leeds as well as being a Turkish Language teacher.

As a teacher for almost 20 years, I have always wanted to write a book on the subject of the Turkish Language. This has been such an incredible opportunity that has enabled me to share my knowledge with the people who would like to learn this unique language.

Special Thanks

First and foremost, I would like to thank everyone who has helped me in this exciting journey. On a personal note, I would like to express my immense gratitude to my husband Bertan, daughter Gunesh, son Gunay, my mother, my father, my sisters Eda and Seda, my cousins Ayla, Dilek, Ender, Ece, my wonderful friends Aylin and Ceylan and my extended family for all their unconditional support all through my research to create and design this book. I have certainly learned a lot about myself throughout this process.

I would like to offer many thanks to my wonderful students Tom, Juliet, Sheila, Duncan, Beverly, Selin, Sue, Sean, Ayla, Arya, Claire, Isabella, Ian and Tanya for participating in my lessons, teaching me how to teach and allowing me to see that reaching my potential is possible through writing this book.

I would also like to say a massive thank you to Tom who has always been there for me, intrinsically motivating me and boosting my confidence to write this book. Thank you, Tom, for checking, editing and proof reading my work and always pointing me in the right direction with your valuable feedback.
My deepest appreciation goes to Evin Ozalp Sahin who has illustrated this book and my previous book Turkish Your Next Language. Thank you a million times Evin for your dedication, talent, patience and professionalism and for the great opportunity to work with you again.
I would like to thank everyone who helped me make this possible and successful.

Last, but certainly not least, I would thank my parents for always being there for me.
Anneciğim ve Babacığım çok teşekkür ederim.

Contents

Alphabet - Alfabe	8-9
One letter one word - Bir harf bir kelime	10-11
Useful phrases - Yararlı Deyimler	12-13
Numbers - Sayılar	14-15
Family Members - Aile Bireyleri	16-17
Question Words - Soru kelimeleri	18
Colours - Renkler	18
Animals - Hayvanlar	19
Flowers - Çiçekler	20-21
Spices and Plants - Baharatlar ve Bitkiler	22-23
Adverbs - Zarflar	24-27
Adjectives - Sıfatlar	28-34
Days of the week - Haftanın günleri	35
Seasons and Months - Mevsimler ve Aylar	36-37
Rooms and Furniture - Odalar ve Eşyalar	38-42
Body parts - Organlar	43
Clothes - Giysiler	44-45
Most Common Verbs - En sık karşılaştığımız fiiler	46-47
Sentence Starters - Cümle başları	48
Jobs - Meslekler	49-50
Shapes - Şekiller	51
Foods and Drinks - Yiyecekler ve İçecekler	52-53
Fruits and Vegetables - Meyveler ve Sebzeler	54
DIALOGUES-KONUŞMALAR	55
1. At the airport - Havaalanında	56-62
Going through Security Güvenlik sisteminden geçerken	59-61
Passport Control and Customs Pasaport Kontrolü ve Gümrük	62-63

2. At the hotel - Otelde 63-69
Checking into a Hotel - Otele giriş yapmak 63-67
Checkout From The Hotel - Otelden Çıkış Yapmak ... 68-69
3. Social media - Sosyal medya 70-72
4. At the hair Saloon and Barber 73-82
Kuaförde ve Berberde
At the hair salon - Kuaförde 73-79
At the Barber - Berberde 80-81
5. At the restaurant - Restoranda 82-87
6. In the taxi - Takside 88-90
7. Truck Driver - Tır Şoförü 91-93
8. At the hospital - Hastanede 94-96
9. At the pharmacy - Eczanede 97-100
10. At the souvenir shop 101-103
Hediyelik Eşya Mağazasında
11. At the supermarket - Süpermarkette 104-109
12. At the clothes shop - Giyim Mağazasında 110-112
13. At the park - Parkta 113-116
14. At the Patisserie - Pastanede 117-120
15. At the Goldsmith - Kuyumcuda 121-125
16. Train rezervation - Tren rezervasyonu 126-130

GEOGRAPHY, HISTORY
COĞRAFYA, TARİH 131-144

Places to visit in Türkiye 132-141
Türkiye'de gezilecek yerler

Countries - Ülkeler 142-144

ESSENTIAL VOCABULARY & PHRASES

merhaba
nasılsın? saat kaç?
iyi yolculuklar afiyet olsun
iyi geceler çok iyi tamam
ellerine sağlık teşekkür ederim
lütfen özür dilerim hayır
bu nedir? ister misin? evet
sonra görüşürüz biliyorum
unuttum

ALPHABET • ALFABE

Aa: a as in car

Bb: b as in bed

Cc: j as in jam

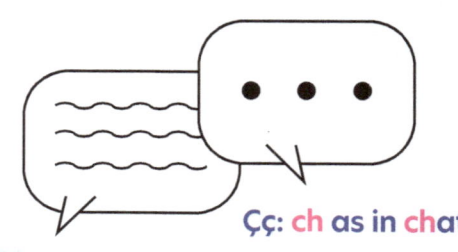

Çç: ch as in chat

Çç: ch as in chat

Dd: d as in date

Ee: e as in let

Gg: g as in gate

Ff: f as in fed

Gg: g as in gate

Ğğ: soft g or y

if the vowel before ğ is a/ı/o/u: lengthen the prior vowel: yağmur

Ğğ: soft g or y lengthen the prior vowel in yağmur (rain)

if the vowel before ğ is e/i/ö/ü: pronounce it as y: değil

Hh: h as in hat

Iı: ı as in cousin

Hh: h as in hat

İi: i as in pin

Jj: ge as in camouflage

Pp: p as in pin

Kk: k as in kit

Ll: l as in let

Mm: m as in mum

Nn: n as in not

Oo: o as in offer

Öö: u as in urge

Pp: p as in peg

Rr: r as in ring

Ss: s as in set

Şş: sh as in shut

Tt: t as in tape

Uu: u as in push

Üü: ew as in chew

Vv: w as in wet

Yy: y as in yet

Zz: z as in zest

Kk: k as in kit

Uu: u as in push

Tt: t as in tape

Zz: z as in zest

ONE LETTER ONE WORD

A: Ayna: Mirror

B: Bebek: Baby

C: Cuma: Friday

Ç: Çanta: Bag

D: Deniz: Sea

E: Ev: House

F: Fındık: Hazelnut

G: Gül: Rose

Ğ: Yağmur: Rain

H: Hediye: Present

I: Irmak: River

İ: İncir: Fig

J: Japonya: Japan

K: Kumanda: Remote control

L: Lale: Tulip

M: Martı: Seagull

Fındık: Hazelnut

Gül: Rose

Hediye: Present

İncir: Fig

Kumanda: Remote control

Nar: Pomegranate

BİR HARF BİR KELİME

N: Nar: Pomegranate

O: Oje: Nail varnish

Ö: Öpücük: Kiss

P: Peçete: Napkin

R: Resim: Picture

S: Sehpa: Coffe table

Ş: Şemsiye: Umbrella

T: Turuncu: Orange

U: Umut: Hope

Ü: Ütü: Iron

V: Vazo: Vase

Y: Yıldız: Star

Z: Zeytin: Olive

Martı: Seagull

Şemsiye: Umbrella

Turuncu: Orange (as in colour)

Oje: Nail varnish

Ütü: Iron

Lale: Tulip

Zeytin: Olive

USEFUL PHRASES • YARARLI DEYİMLER

Hello: Merhaba

How are you? Nasılsın?

Health to your hands (after a person cooks a meal): Ellerine sağlık

What is your name? Adın ne?

See you later: Sonra görüşürüz

Hurry up: Acele et

Let's go: Haydi (hadi) gidelim

Just a moment please: Bir dakika lütfen

Just a second please: Bir saniye lütfen

Can you please wait? Bekler misin lütfen?

Enjoy your meal: Afiyet olsun

Excuse me: Affedersiniz

What time is it? Saat kaç?

It is three o'clock: Saat üç

I didn't understand: Anlamadım

Please: Lütfen

Talk slowly: Yavaş konuş

There is: Var

There isn't: Yok

Is there?: Var mı?

Isn't there?: Yok mu?

Good morning: Günaydın

Good evening: İyi akşamlar

Good afternoon: Tünaydın

Good night: İyi geceler

What does it mean? Bunun anlamı ne?

Do you know English? İngilizce biliyor musun?

Help: Yardım edin

Do you need help? Yardıma ihtiyacınız var mı?

I don't feel well: İyi hissetmiyorum

I am hungry: Acıktım

I am full: Tokum

I am thirsty: Susadım

I am bored: Sıkıldım

I am tired: Yoruldum

What is this?: Bu nedir?

Do you want?: İster misin?

Where is the toilet?: Tuvalet nerede?

I am sorry: Özür dilerim

I have no idea: Hiç bir fikrim yok

I have an idea: Bir fikrim var

My name is: Benim adım

Very bad: Çok kötü

Very good: Çok iyi

Have a good journey: İyi yolculuklar

With: ile/li/lı/lu/lü:

With sugar: Şeker ile/ Şekerli

With milk: Sütlü

Without: siz/sız/suz/süz (suffix)

Without salt: Tuzsuz

Without milk: Sütsüz

Without sugar: Şekersiz

Coffee with sugar: Şekerli kahve

Coffee without sugar: Şekersiz kahve/Sade kahve

NUMBERS • SAYILAR

Zero — sıfır

One — bir

Two — iki

Three — üç

Four — dört

Five — beş

Six — altı

Seven — yedi

Eight — sekiz

Nine — dokuz

Ten — on

Eleven — on bir

Twelve — on iki

Thirteen — on üç

Fourteen — on dört

Fifteen — on beş

Sixteen — on altı

Seventeen — on yedi

Eighteen — on sekiz

Nineteen — on dokuz

Twenty — yirmi

Thirty — otuz

Forty — kırk

Fifty — elli

Sixty — altmış

Seventy — yetmiş

Eighty — seksen

Ninety — doksan

One Hundred — yüz

Thousand — bin

Million — milyon

Billion — milyar

Trillion — trilyon

Quadrillion — katrilyon

FAMILY MEMBERS • AİLE BİREYLERİ

QUESTION WORDS
SORU KELİMELERİ

Why?: Neden?

What?: Ne?

When?: Ne zaman?

Where?: Nerede/Nereye?

Which?/Which one?: Hangi/Hangisi?

Who?: Kim?

How?: Nasıl?

How many?: Kaç tane?

How much?: Ne kadar?

How old?: Kaç yaşında?

How big?: Ne kadar büyük?

How small?: Ne kadar küçük?

COLOURS • RENKLER

Beige: Bej

Black: Siyah

Blue: Mavi

Brown: Kahverengi

Dark green: Koyu yeşil

Grey: Gri

Green: Yeşil

Light blue: Açık mavi

Maroon: Bordo

Navy blue: Lacivert

Orange: Turuncu

Purple: Mor

Pink: Pembe

Red: Kırmızı

Turquoise: Turkuaz

Violet: Eflatun

Yellow: Sarı

ANIMALS • HAYVANLAR

Ant: Karınca

Bee: Arı

Butterfly: Kelebek

Cat: Kedi

Chicken: Tavuk

Cow: İnek

Crab: Yengeç

Dog: Köpek

Duck: Ördek

Fish: Balık

Fly: Sinek

Goat: Keçi

Goldfish: Süs balığı

Horse: At

Insect: Böcek

Kitten: Yavru kedi

Mouse: Fare

Parrot: Papağan

Pig: Domuz

Pigeon: Güvercin

Puppy: Yavru köpek

Rabbit: Tavşan

Sheep: Koyun

Turkey: Hindi

Turtle: Kaplumbağa

Butterfly: Kelebek

Crab: Yengeç

Parrot: Papağan

Goldfish: Süs balığı

FLOWERS • ÇİÇEK İSİMLERİ

Acacia - Akasya

African Daisy - Afrika Papatyası

Azalea - Açelya

Balloon Flower - Balon çiçeği

Begonia - Begonya

Bellflower - Çan çiçeği

Black-eyed Susan - Güneş Şapkası

Buttercup - Düğün çiçeği / Altıntabak çiçeği

Butterfly Bush - Kelebek Çalısı

Camellia - Kamelya çiçeği / Japon Gülü

Cardinal Flower - Kırmızı Lobelya

Carnation - Karanfil çiçeği / Tarla Karanfili

Chrysanthemum - Kasımpatı

Daffodil - Fulya / Nergis

Azalea
Açelya

Jasmine
Yasemin

Lily
Zambak

Magnolia - Manolya

Bellflower
Çan çiçeği

Poppy - Gelincik

Freesia - Süsen / Frezya

Hyacinth - Sümbül / Mor Yakut / Yementaşı

Jasmine - Yasemin

Lilac - Leylak

Lily - Zambak

Lotus - Lotus çiçeği

Magnolia - Manolya

Orchid - Orkide

Poppy - Gelincik

Rose - Gül

Sunflower - Ayçiçeği

Tulip - Lale

Violet - Menekşe

Water lily - Nilüfer

Orchid - Orkide

Rose - Gül

Lotus - Lotus çiçeği

Buttercup
Düğün çiçeği

Violet - Menekşe

Daffodil - Fulya / Nergis

SPICES AND PLANTS

Allspice - Yenibahar

Basil – Reyhan / fesleğen

Bracken – Eğrelti otu

Cactus - Kaktüs

Cardamom - Kakule

Celery – Kereviz

Clove – Karanfil

Coriander – Kişniş

Corn - Mısır

Cumin - Kimyon

Dandelion - Karahindiba

Dill - Dereotu

Fennel – Rezene

Fern - Eğrelti otu

Garlic - Sarımsak

Ginger - Zencefil

Grass - Çimen

Dill - Dereotu

Garlic - Sarımsak

Basil
Reyhan / fesleğen

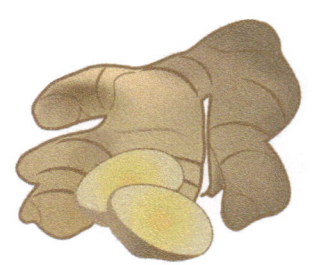
Ginger - Zencefil

Mint – Nane

BAHARATLAR VE BİTKİLER

Mint – Nane

Nettle – Isırganotu

Parsley - Maydanoz

Rosemary - Biberiye

Spearmint - Nane

Spring onion - Taze soğan

Turmeric - Zerdeçal

Wheat - Buğday

Parsley - Maydanoz

Fennel - Rezene

Spring onion - Taze soğan

Wheat - Buğday

Rosemary - Biberiye

ADVERBS • ZARFLAR

Bravely: Cesurca

Brightly: Işıl ışıl

Cheerfully: Keyifli bir şekilde

Eagerly: İsteklice

Elegantly: Zarifçe

Faithfully: Sadakatle

Fortunately: Neyse ki

Gleefully: Neşeyle

Gracefully: Zerafetle/incelikle

Happily: Mutlu bir şekilde

Honestly: Dürüstçe

Innocently: Masumca

Kindly: Kibarca

Obediently: İtaatkar bir şekilde

Perfectly: Kusursuzca

Politely: Nazikçe

Powerfully: Güçlüce

Safely: Güvenli bir şekilde

Victoriously: Zaferle

Vivaciously: Hayat dolu

Warmly: Sıcak

SENTENCES WITH ADVERBS

Bravely: Cesurca
Soldiers fought bravely for their country.
Askerler, ülkeleri için cesurca savaştılar.

Brightly: Işıl ışıl
The diamond ring shone brightly.
Elmas yüzük ışıl ışıl parladı.

Işıl ışıl parlayan elmas yüzük

The ballerina was dancing **gracefully**.

Cheerfully: Keyifli bir şekilde
I woke up cheerfully today.
Ben bugün keyifli bir şekilde uyandım.

Eagerly: İsteklice, istekli bir şekilde, hevesle
Football fans waited eagerly to see the match.
Futbol hayranları maçı görmek için hevesle beklediler.

Elegantly: Zarifçe
All the guests were dancing very elegantly at the gala.
Tüm misafirler galada çok zarifçe dans ediyorlardı.

Faithfully: Sadakatle
Our staff worked faithfully with us for a long time.
Elemanlarımız, bizimle uzun süre sadakatle çalıştılar,

Fortunately: Neyse ki
I fell down the stairs yesterday, fortunately nothing happened.
Ben, dün merdivenlerden düştüm, neyse ki hiçbir şey olmadı.

Gleefully: Neşeyle, neşeli bir şekilde
The audience were laughing gleefully while they were watching the play.
Seyirciler, oyunu izlerken neşeli bir şekilde gülüyorlardı.

Gracefully: Zerafetle, incelikle, zarif bir şekilde
The ballerina was dancing gracefully.
Balerin zarif bir şekilde dans ediyordu.

Happily: Mutlu bir şekilde
The children played happily today.
Çocuklar bugün mutlu bir şekilde oynadılar.

Honestly: Dürüstçe
My daughter told me honestly about all of the mistakes she made.
Kızım, tüm yaptığı hataları bana dürüstçe anlattı.

Innocently: Masumca, suçsuz bir sekilde
The child looked at my face innocently.
Çocuk yüzüme masumca baktı.

Kindly: Kibarca
My dad told me to treat everybody kindly.
Babam bana herkese kibarca davranmamı söyledi.

Perfectly: Kusursuzca
My sister does all her work perfectly.
Ablam, bütün işlerini kusursuzca yapar.

Politely: Nazikçe
My friend politely said that he won't be able to come to dinner.
Arkadaşım, yemeğe katılamayacağını nazikçe söyledi.

Powerfully: Güçlü bir şekilde, etkili bir şekilde
He kicked the ball powerfully.
O, topa güçlü bir şekilde vurdu.

Safely: Güvenli bir şekilde
I taught him how to drive a car safely.
Ben ona güvenli bir şekilde nasıl araba süreceğini öğrettim.

Victoriously: Başarılı bir şekilde, galip olarak

Our team won the race victoriously.

Takımımız yarışmayı başarılı bir şekilde kazandı.

Warmly: Sıcak

Our new neighbours welcomed us very warmly.

Yeni komşularımız bizi çok sıcak karşıladı.

Tiny: Minik

It was very hard to make a bracelet with the tiny beads.

Minik boncuklarla bileklik yapmak çok zordu.

Köpek mutlu bir şekilde oturdu.

ADVJECTIVES • SIFATLAR

Appearance: Görünüş

Alluring: cazibeli

Attractive: çekici

Beautiful: güzel

Chubby: tombiş

Clean: temiz

Elegant: zarif

Handsome: yakışıklı

Magnificent: muhteşem

Slim/skinny: zayıf

Size: Ebat

Big: büyük

Colossal: devasa

Fat: şişman

Huge: kocaman

Large: geniş

Little: küçük

Long: uzun

Short: kısa

Tall: uzun

Tiny: minik

ADJECTIVES IN SENTENCES

APPEARANCE: GÖRÜNÜŞ

Alluring: Cazibeli
She is a very alluring woman.
O, çok cazibeli bir kadın.

Attractive: Çekici
All the dancers on the stage were very attractive.
Sahnedeki tüm dansçılar çok çekiciydi.

Personality: Kişilik

Angry: öfkeli

Brave: cesur

Calm: sakin

Clumsy: sakar

Confident: kendine güvenen

Enthusiastic: istekli/hevesli

Fearful: korkunç

Gentle/ polite: kibar

Happy: mutlu

Helpful: yardım sever

Jealous: kıskanç

Jolly: neşeli

Lively: hayat dolu

Mysterious: gizemli

Nervous: endişeli

Nice: hoş

Worried: tedirgin/endişeli

SIFATLARLA İLGİLİ CÜMLELER

Beautiful: Güzel
My boyfriend brought me very beautiful roses.
Erkek arkadaşım bana çok güzel güller getirdi.

Chubby: Tombiş
The new born baby had chubby cheeks.
Yeni doğan bebeğin tombiş yanakları vardı.

Clean: Temiz
My mum was surprised when she saw my room very clean.

Annem, odamı çok temiz görünce şaşırdı.

Elegant: Zarif
You look very elegant in this dress.
Bu elbiseyle çok zarif görünüyorsun.

Handsome: Yakışıklı
My father was a handsome man.
Babam yakışıklı bir adamdı.

Magnificent: Muhteşem
The view at the beach was magnificent.
Sahildeki manzara muhteşemdi.

Slim/ Skinny: Zayıf
My mum looks very slim now.
Annem şimdi çok zayıf görünüyor.

PERSONALITY: KİŞİLİK

Angry: Öfkeli
I am not comfortable when I am around angry people.
Öfkeli insanların yanında rahat değilim.

Brave: Cesur
I am not brave enough to overcome my fears.
Korkularımın üzerine gidecek kadar cesur değilim.

Calm: Sakin
I can't stay calm when I see injustice.
Haksızlığı görünce sakin kalamam.

Clumsy: Sakar
My mum thinks I am clumsy.

Annem benim sakar olduğumu düşünür.

Confident: Kendine güvenen

Confident children can be happy and successful in their lives.

Kendine güvenen çocuklar, hayatlarında mutlu ve başarılı olurlar.

Gentle/ polite: Kibar

My guests said that my daughter is very polite.

Misafirlerim kızımın çok kibar olduğunu söylediler.

Happy: Mutlu

I always smile when I'm happy.

Mutlu olduğum zaman hep gülümserim.

Helpful: Yardımsever, yararlı
My friend is very helpful.
Arkadaşım çok yardımsever.

The survey was helpful in terms of understanding the students.
Yapılan anket öğrencileri anlamamız açısından yararlıydı.

Jealous: Kıskanç
My husband is a very jealous person.
Eşim çok kıskanç bir insandır.

Jolly: Neşeli, keyifli
I want my party to be very jolly.
Partimin çok keyifli olmasını istiyorum.

Lively: Hayat dolu
My grandmother was always a very lively person.
Büyükannem her zaman hayat dolu bir kişiydi.

Nervous: Endişeli
I was very nervous when I had my job interview.
İş görüşmemi yaptığımda çok endişeliydim.

Nice: Hoş, iyi
I am very lucky that I have nice friends.
Ben, çok şanslıyım ki iyi arkadaşlarım var.

Worried: Tedirgin/ Endişeli
I always get worried whenever I go to the doctor.
Doktora her gittiğimde tedirgin olurum.

SIZE: EBAT

Big: Büyük
We bought a big table.
Büyük bir masa satın aldık.

Colossal: İri yarı, devasa
My daughter and I read stories about a colossal man.
Kızım ve ben, devasa bir adam ile ilgili hikayeler okuduk.

Fat: Şişman
The fat cat was sitting on the chair.
Şişman kedi sandalyede oturuyordu.

Huge: Kocaman
We bought a house with a huge garden.
Biz kocaman bahçeli bir ev satın aldık.

Large: Geniş
I am happy that I have a large kitchen.
Ben geniş bir mutfağım olduğu için mutluyum.

Little: Küçük
I live in a little village.
Ben küçük bir kasaba da yaşıyorum.

Big
Büyük

Little
Küçük

Long: Uzun

I love my long hair.

Ben uzun saçlarımı çok seviyorum.

Short: Kısa

My mum bought me a very beautiful short dress.

Annem bana çok güzel kısa bir elbise satın aldı.

Long - Uzun   Short - Kısa

Tall: Yüksek

All of the tall buildings were constructed to be resistant against earthquakes.

Bütün yüksek binalar depreme karşı dayanıklı inşa edildiler.

Bütün yüksek binalar depreme karşı dayanıklı inşa edildiler.

DAYS OF THE WEEK
HAFTANIN GÜNLERİ

PAZARTESİ — MONDAY

SALI — TUESDAY

ÇARŞAMBA — WEDNESDAY

PERŞEMBE — THURSDAY

CUMA — FRIDAY

CUMARTESİ — SATURDAY

PAZAR — SUNDAY

LET'S LEARN A SONG

Sing it to the tune of "Every day different and Every day new"

Pazartesi Salı Çarşamba

Perşembe Cuma

Cumartesi ve Pazar

Bir iki üç dört beş altı yedi

Her gün yeni, sev kendini!

SEASONS AND MONTHS OF THE YEAR

SPRING: İLK BAHAR

MARCH: MART
APRİL: NİSAN
MAY: MAYIS

AUTUMN: SONBAHAR

SEPTEMBER: EYLÜL
OCTOBER: EKİM
NOVEMBER: KASIM

MEVSİMLER VE AYLAR

SUMMER: YAZ

JUNE: HAZİRAN
JULY: TEMMUZ
AUGUST: AĞUSTOS

WINTER: KIŞ

DECEMBER: ARALIK
JANUARY: OCAK
FEBRUARY: ŞUBAT

LET'S LEARN A SONG

YILIN AYLARI

Aralık, Ocak, Şubat,

Hava çok soğuk, dikkat!

Mart, Nisan, Mayıs,

Biz şimdi bahardayız.

Haziran, Temmuz, Ağustos

Yaz burada, denize koş!

Eylül, Ekim, Kasım'da dökülen yapraklar ne hoş!

ROOMS AND FURNITURE

Lounge - Oturma odası

LOUNGE: OTURMA ODASI

Armchair: koltuk

Bookcase/ book shelf: kitaplık

Blinds: panjur

Carpet: halı

Chair: sandalye

Clock: saat

Curtain: perde

Cushion: köşe yastığı

Coffee table: sehpa

Electric heater: elektrikli ısıtıcı

Fire place: şömine

Ornament: süs eşyası

Painting: resim

Sofa: kanepe

Sofa-bed: çekyat

Wallpaper: duvar kağıdı

ODALAR VE EŞYALAR

BEDROOM: YATAK ODASI

Alarm clock: alarm saati
Bed: yatak
Bedside table: komodin
Blanket: battaniye
Carpet: halı
Chest of drawers: çekmeceli dolap
Desk: çalışma masası
Double bed: çift kişilik yatak
Dressing table: tuvalet masası

Duvet: yorgan
Mirror: ayna
Mattress: şilte
Pillow: yastık
Pillowcase: yastık kılıfı
Rug: küçük halı/kilim
Sheet: çarşaf
Single bed: tek kişilik yatak
Wardrobe: gardırop/giysi dolabı

KITCHEN: MUTFAK

Bin: çöp kutusu
Blender: çırpıcı
Bowl: kase
Chopping board: doğrama tahtası
Cooker: ocak
Cupboard: dolap
Deep freeze: derin dondurucu

Dishwasher: bulaşık makinesi
Dustbin: çöp kutusu
Dustpan and brush: faraş ve fırça
Extracter fan: davlumbaz
Freezer: dondurucu
Fork: çatal
Fridge: buzdolabı

Grater: rende

Kettle: elektrikli su ısıtıcısı/ Ketıl

Kitchen scale: mutfak terazisi

Knife: bıçak

Ladle: kepçe

Microwave oven: mikrodalga fırın

Mixer: karıştırıcı

Oven: fırın

Plate: tabak

Plug: priz

Pan: tava

Pot: kap, tencere

Radiator: kalorifer

Sponge: sünger

Spoon: kaşık

Stove: ocak

Table: masa

Tap: musluk

Table cover: masa örtüsü

Teapot: çaydanlık

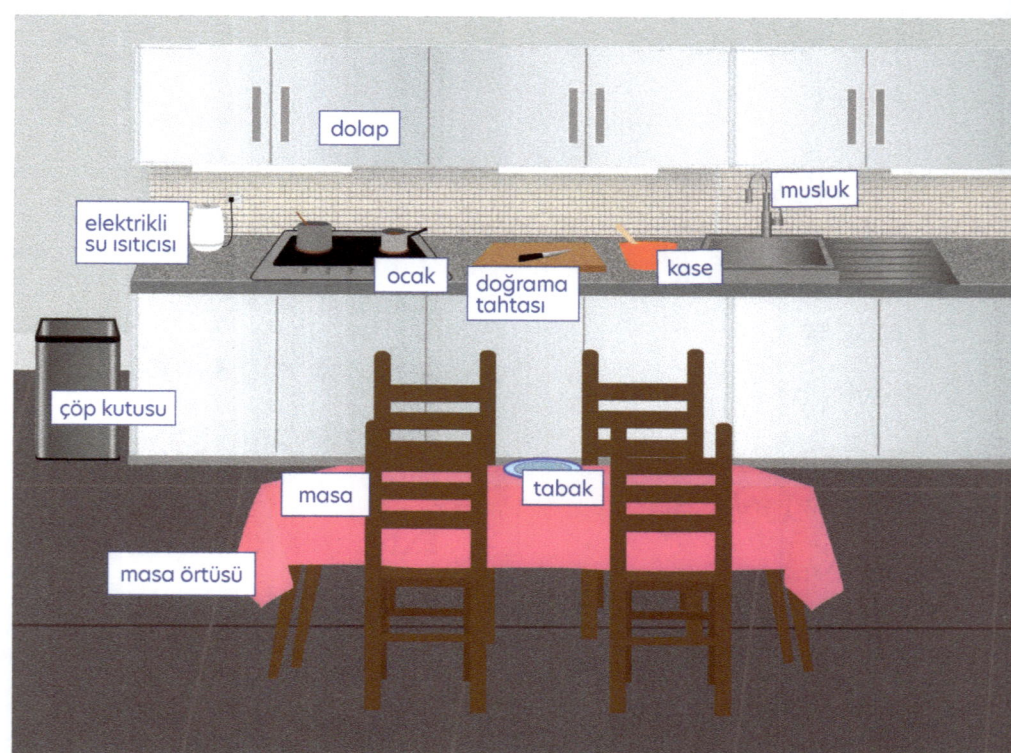

Teaspoon: çay kaşığı, tatlı kaşığı

Tin opener: konserve açacağı

Toaster: tost makinesi

Tray: tepsi

Turkish coffee maker: Türk kahvesi makinesi

Utensils: mutfak eşyaları

Wooden spoon: tahta kaşık

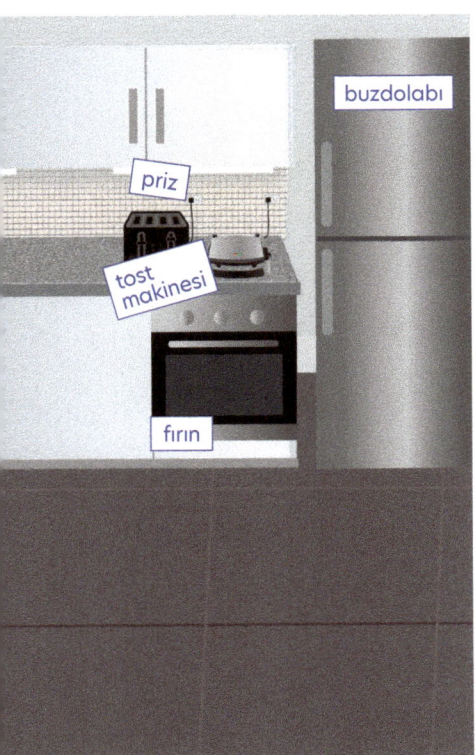

BATHROOM: BANYO

Bath: küvet

Lamp: lamba

Shampoo: şampuan

Shower: duş

Washbasin: lavabo

Soap: sabun

sabun

Toilet: tuvalet

Toilet paper: tuvalet kağıdı

Tooth paste: diş macunu

Towel: havlu

tuvalet kağıdı

UTILITY ROOM: ÇAMAŞIR ODASI

Basket: sepet

Bucket: kova

Dirty clothes: kirli çamaşır

Door handle: kapı kolu

Clean clothes: temiz çamaşır

Cleaning product: temizlik malzemesi

Hoover/ vacuum cleaner: elektrikli süpürge

Laundry: çamaşır

Mop: iplik paspas

Towel: havlu

Tumble dryer: kurutma makinesi

Iron: ütü

Iron board: ütü masası

Washing machine: çamaşır makinası

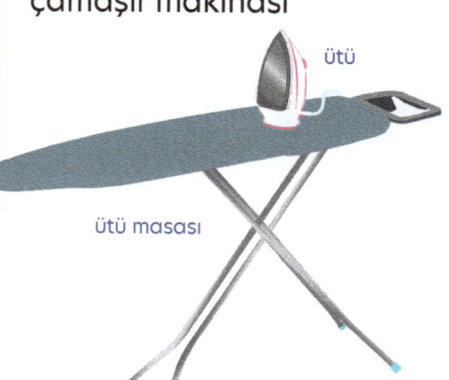

ütü

ütü masası

LET'S LEARN A SONG
Sing it to the tune of "London Bridge is falling dawn"

Tabak, kase mutfakta, mutfakta, mutfakta,

Çatal, kaşık da orada hep yan yana.

Havlu, şampuan banyoda, banyoda, banyoda,

Musluk, sabun da orada hep yan yana.

Koltuk, kilim salonda, salonda, salonda,

Kitap, sehpa da orada hep yan yana.

Yastık, yorgan yatakta, yatakta, yatakta

Pencere, perde orada hep yan yana.

BODY PARTS • ORGANLAR

Abdomen: karın
Arm: kol
Belly: göbek
Breast: göğüs
Cheek: yanak
Chin: çene
Ear: kulak
Elbow: dirsek
Eye: göz
Eyebrow: kaş
Eyelash: kirpik
Hair: saç
Hand: el
Head: baş
Heel: topuk
Hip: kalça

Finger: parmak
Foot: ayak
Forehead: alın
Leg: bacak
Lip: dudak
Knee: diz
Mouth: ağız
Nail: tırnak
Neck: boyun
Nose: burun
Stomach: mide
Teeth: diş
Throat: boğaz
Tongue: dil
Wrist: bilek

Labels on figure: baş, saç, kaş, göz, kulak, yanak, dudak, çene, omuz, kol, bilek, el, diz, bacak, ayak

LET'S LEARN A SONG
Sing it to the tune of "Head, Shoulders, Knees and Toes"

Baş, omuz, diz, ayak
Diz, ayak
Baş, omuz, diz, ayak
Diz, ayak

Ve göz ve kulak
Ve burun ve dudak
Baş, omuz, diz, ayak
Diz, ayak

CLOTHES • GİYSİLER

Belt: Kemer

Blouse: Bluz

Bra: Sütyen

Cardigan: Hırka

Checked: Kareli

Coat: Kaban, manto, palto

Coloured: Renkli

Cotton: Pamuklu

Dress: Elbise

Dressing gown: Sabahlık

Fashion: Moda

Get dressed: Giyinmek

Get undressed: Soyunmak

Gloves: Eldiven

Hat: Şapka

Jacket: Ceket

Belt: Kemer

Jeans: Kot pantolon

Jumper: Kazak

Leather: Deri

Leggings: Tayt

Nightgown: Gecelik

Panties: Külot

Put on: Giyinmek

Pyjamas: Pijama

Raincoat: Yağmurluk

Scarf: Atkı

Shirt: Gömlek

Shorts: Şort

Suit: Takım elbise

Simple: Sade

Skirt: Etek

Slippers: Terlik

Socks: Çorap

Hat: Şapka

Sunglasses: Güneş gözlüğü

Sunglasses: Güneş gözlüğü

Spotted: Puantiyeli

Striped: Çizgili

Stylish: Şık

Scarf: Atkı

Sweats: Eşofman

Sweatshirt: Kazak

Swimming suit: Mayo

Take off: Çıkarmak

Tie: Kravat

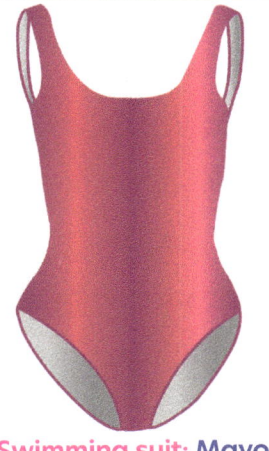

Swimming suit: Mayo

Trousers: Pantolon

Try on: Üstünde denemek

T-shirt: Tişört

Underwear: İç çamaşırı

Vest: Yelek

Wear: Giymek

Wedding gown: Gelinlik

Wrap: Şal

Woolly: Yünlü

Vest: Yelek

MOST COMMON VERBS

1. **achieve** - başarmak
2. **allow** - izin vermek
3. **ask** - sormak
4. **be** - olmak
5. **become** - olmak
6. **begin** - başlamak
7. **believe** - inanmak
8. **buy** - satın almak
9. **bring** - getirmek
10. **call** – aramak
11. **change** - değiştirmek
12. **clear/clean** temizlemek
13. **come** - gelmek
14. **continue** - devam etmek
15. **cut** - kesmek
16. **do** - yapmak
17. **drink** - içmek
18. **eat** - yemek
19. **fall** - düşmek
20. **feel** - hissetmek
21. **find** – bulmak
22. **finish** - bitirmek
23. **fly** - uçmak
24. **follow** - takip etmek
25. **forget** - unutmak
26. **get** – almak
27. **give** - vermek
28. **go** - gitmek
29. **have** - sahip olmak
30. **hear** - duymak
31. **help** - yardım etmek
32. **hold** – tutmak
33. **invite** – davet etmek
34. **know** – bilmek
35. **laugh** – gülmek
36. **learn** - öğrenmek
37. **leave** - bırakmak
38. **like** - hoşlanmak
39. **lose** - kaybetmek
40. **look** - bakmak
41. **love** - sevmek
42. **make** - yapmak
43. **marry** - evlenmek
44. **mean** - kastetmek
45. **meet** - tanışmak

EN SIK KARŞILAŞTIĞIMIZ FİİLLER

46. **move** - ilerlemek
47. **need** - ihtiyacı olmak
48. **offer** - teklif etmek
49. **open** - açmak
50. **pay** - ödemek
51. **play** - oynamak
52. **pull** – çekmek
53. **push** - itmek
54. **put** - koymak
55. **understand** - anlamak
56. **read** - okumak
57. **remember** - hatırlamak
58. **run** - koşmak
59. **say** – söylemek
60. **see** – görmek
61. **sell** - satmak
62. **send** - göndermek
63. **show** - göstermek
64. **sing** - şarkı söylemek
65. **sit** – oturmak
66. **sleep** - uyumak
67. **smile** - gülümsemek
68. **suggest** – önermek
69. **speak** - konuşmak
70. **spend** - harcamak
71. **start** - başlamak
72. **stay** - kalmak
73. **stop** - durmak
74. **take** – almak
75. **talk** - konuşmak
76. **teach** - öğretmek
77. **tell** - söylemek
78. **think** - düşünmek
79. **turn** - dönmek
80. **try** - denemek
81. **use** - kullanmak
82. **visit** - ziyaret etmek
83. **wait** - beklemek
84. **walk** - yürümek
85. **want** – istemek
86. **wash** - yıkamak
87. **watch** - izlemek
88. **wear** - giymek
89. **win** - kazanmak
90. **wish** - dilemek
91. **write** - yazmak
92. **work** - çalışmak

SENTENCE STARTERS • CÜMLE BAŞI

All of a sudden
Aniden

As an example
Örnek verecek olursak

As a result
Sonuç olarak

As you can see
Gördüğüz gibi

As well as
Bununla beraber

Because
Çünkü

Especially
Özellikle

First of all
İlk olarak

For example
Örneğin

For instance:
Mesela

For this reason
Bu sebeple

Furthermore
Üstelik

However
Ama/fakat

In addition to
Buna ek olarak

Instead
Bunun yerine

In this situation
Bu durumda

One other thing
Bir başka şey

On the other hand
Öte yandan

Similarly
Buna benzer olarak

JOBS • MESLEKLER

Accountant - Muhasebeci
Advertiser - Reklamcı
Architect - Mimar
Author - Yazar
Baby-sitter - Bebek bakıcısı
Baker - Fırıncı
Banker - Bankacı
Barber - Berber
Bus Driver - Otobüs şoförü
Businessman - İş adamı
Businesswoman - İş kadını
Butcher - Kasap
Captain - Kaptan
Carpenter - Marangoz
Chemist - Kimyager
Computer Engineer - Bilgisayar mühendisi
Cook - Aşçı
Dancer - Dansçı
Dentist - Dişçi
Driver - Şoför
Electrician - Elektrikçi
Engineer - Mühendis

Farmer - Çiftçi
Fashion designer - Moda tasarımcısı
Filmmaker - Film yapımcısı
Fireman - İtfaiyeci
Fisherman - Balıkçı
Florist - Çiçekçi
Football player - Futbolcu
Gardener - Bahçıvan
Geologist - Yerbilimci
Goldsmith - Kuyumcu
Governor - Vali
Greengrocer - Manav
Guard - Bekçi, nöbetçi
Guide - Rehber
Hairdresser - Kuaför
Headteacher - Okul müdürü
Housekeeper - Temizlikçi
Inspector - Müfettiş
Interpreter - Tercüman
Inventor - Mucit
Investor - Yatırımcı

Journalist - Gazeteci
Lawyer - Avukat
Lifeguard - Cankurtaran
Locksmith - Çilingir
Manager - Müdür
Mayor - Belediye başkanı
Merchant - Tüccar
Midwife - Ebe
Miner - Madenci
Minister - Bakan
Nurse - Hemşire
Optician - Gözlükçü
Pediatrician - Çocuk doktoru
Pharmacist - Eczacı
Photographer - Fotoğrafçı
Physicist - Fizikçi
Plumber - Tesisatçı
Poet - Şair
Policeman - Polis memuru
Politician - Politikacı
Postman - Postacı
Referee - Hakem
Repairman - Tamirci

Reporter - Muhabir
Researcher - Araştırmacı
Scientist - Bilim insanı
Shopkeeper - Esnaf, dükkan sahibi
Shop assistant - Tezgahtar, satıcı
Singer - Şarkıcı
Soldier - Asker
Songwriter - Şarkı yazarı
Student - Öğrenci
Surgeon - Cerrah
Swimmer - Yüzücü
Tailor - Terzi
Teacher - Öğretmen
Waiter - Erkek garson
Waitress - Kadın garson
Worker - İşçi
Writer - Yazar
Zookeeper - Hayvanat bahçesi görevlisi
Zoologist - Hayvanbilimci

SHAPES · ŞEKİLLER

Square:
kare

Star:
yıldız

Triangle:
üçgen

Pentagon:
beşgen

Circle:
daire

Rectangle:
dikdörtgen

Hexagon:
altıgen

Oval:
oval

Cube:
küp

Diamond:
eşkenar dörtgen

Heart:
kalp

Octagon:
sekizgen

Parallelogram:
paralelkenar

FOOD & DRINKS • YİYECEKLER VE İÇECEKLER

Bacon: Domuz pastırması

Beef: Sığır eti

Beer: Bira

Bread: Ekmek

Butter: Tereyağı

Cheese: Peynir

Chicken: Tavuk

Duck: Ördek

Egg: Yumurta

Fruit juice: Meyve suyu

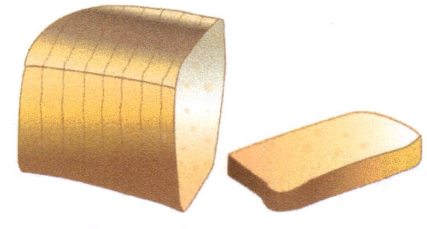

Bread: Ekmek

Cheese: Peynir

Ham: Domuz jambonu

Jam: Reçel

Lamb: Kuzu eti

Meat: Et

Milk: Süt

Minced Meat: Kıyma

Oil: Yağ

Olive: Zeytin

Olive oil: Zeytin yağı

Orange juice: Portakal suyu

Salad: Salata

Egg: Yumurta

Milk: Süt

Salami: Salam

Salt: Tuz

Sausage: Sosis

Steak: Biftek

Sugar: Şeker

Tea: Çay

Turkey: Hindi

Vegetable oil: Sebze yağı

Wine: Şarap

Lamb Chops: Kuzu pirzola

Orange juice: Portakal suyu

Beer: Bira

Oil: Yağ

Wine: Şarap

Beef: Sığır eti

Olive: Zeytin

FRUITS & VEGETABLES
MEYVELER VE SEBZELER

Orange: Portakal
Apple: Elma
Lemon: Limon
Cucumber: Salatalık
Banana: Muz
Grapes: Üzüm

Apple: Elma

Apricot: Kayısı

Banana: Muz

Blackberry: Böğürtlen

Blueberry: Yaban Mersini

Cherry: Kiraz

Cucumber: Salatalık

Fig: İncir

Grape: Üzüm

Kiwi: Kivi

Lemon: Limon

Melon: Kavun

Watermelon: Karpuz

Orange: Portakal

Pepper: Biber

Pineapple: Ananas

Pomegranate: Nar

Raspberry: Ahududu

Strawberry: Çilek

Tomato: Domates

DIALOGUES
KONUŞMALAR

1 AT THE AIRPORT • HAVA ALANINDA

Words • Kelimeler

Airport: Havalimanı
Aisle: Koridor
Arrivals: Geliş saati/ varış
Baggage / luggage: Valiz/bagaj
Baggage claim: Bagaj alım yeri
Boarding: Biniş / uçuş
Boarding pass: Biniş / uçuş kartı
Boarding time: Uçuş saati
First class: Birinci sınıf

Domestic arrivals: İç hatlar geliş
Gate: Kapı
E-ticket: Elektronik bilet /E-bilet
Fragile: Kırılabilir
Flight: Uçuş
Identification: Kimlik
Information: Danışma
International: Uluslararası
Layover /stopover: Konaklama, bekleme, mola

Carry-on / hand luggage / cabin baggage: El çantası
Car hire: Araba kiralama
Check-in: Giriş yapmak
Cockpit: Pilot kabini
Customs: Gümrük
Delay: Rötar
Departure time: Uçak kalkış saati
Domestic: İç hatlar
Domestic departures: İç hatlar gidiş

Oxygen mask: Oksijen maskesi
Passport: Pasaport
Pilot: Pilot
Runway: Uçak pisti
Scanner: Tarayıcı
Seat: Koltuk
Seatbelt: Emniyet kemeri
Ticket office: Bilet ofisi
Toilet: Tuvalet
Turbulence: Türbülans
Window seat: Pencere kenarı

At The Airport • Hava Alanında

Agent: Good morning and welcome!
Where are you flying today?
Görevli: Günaydın ve hoşgeldiniz! Bugün nereye uçuyorsunuz?

Güneş: To England.
Güneş: İngiltere'ye.

Agent: May I have your passport, please?
Görevli: Pasaportunuzu alabilir miyim lütfen?

Güneş: Here you are.
Güneş: Buyurun.

Agent: Can I see your ticket please?
Görevli: Biletinizi görebilir miyim?

Güneş: Yes, of course!
Güneş: Tabii ki!

Agent: Would you like to upgrade to business class?
Görevli: Business class'a çevirmek ister misiniz?

Güneş: Economy class is fine, thank you.
Güneş: Ekonomi sınıfı iyi, teşekkür ederim.

Agent: Are you checking any bags?
Görevli: El bagajınız var mı?

Güneş: Yes, these two please.
Güneş: Evet, bu ikisi lütfen.

Agent: Did you pack these bags yourself?
Görevli: Bu bagajları siz mi hazırladınız?

Güneş:	Yes, I did.	
Güneş:	Evet ben hazırladım.	
Agent:	OK, please place your bag on the scale.	
Görevli:	Tamam, lütfen bagajınızı tartıya yerleştirin	
Güneş:	I hope it is not too heavy.	
Güneş:	Umarım çok ağır değildir.	
Agent:	Do you have any hand luggage?	
Görevli:	El bagajınız var mı?	
Güneş:	Just this one.	
Güneş:	Sadece bu.	
Agent:	Would you like a window or an aisle seat?	
Görevli:	Pencere kenarı mı yoksa koridor mu istersiniz?	

Güneş: Aisle seat please. I have a stopover in Istanbul – do I need to pick up my luggage there?
Güneş: Pencere kenarı lütfen. İstanbul'da beklemem var – bagajımı oradan mı alacağım?

Agent: No, it'll go straight through to England.
Görevli: Hayır, İngiltere'ye direk gidecek.

Agent: Here are your boarding passes.
Your flight leaves at 13:20 from gate 245 B. Your seat number is 21D.
Görevli: Buyurun uçuş biletiniz. Uçağınız 245 B (iki yüz kırk beş B) kapısından saat 13.20'de (on üç yirmi) ayrılacak. Koltuk numaranız 21D (yirmi bir).

Güneş: Can you point me to gate 245B?
Güneş: Bana 245 B (iki yüz kırk beş B) kapısını gösterir misiniz?

Agent: Sure. It's that way. Around that corner.
Görevli: Tabii ki. Buradan. Köşede.

Güneş: Thanks.
Güneş: Teşekkür ederim.

Going Through Security
Güvenlik Sisteminden Geçerken

Security officer: Can I please see your boarding pass?
Güvenlik görevlisi: Uçuş kartınızı görebilir miyim?

Güneş: Here you are.
Güneş: Buyurun.

Security officer: You may proceed through the scanner.
Güvenlik görevlisi: Tarayıcıya doğru ilerleyebilirsiniz.

Güneş:	**Of course** (*hearing the beep*).	
Güneş:	Elbette (*Beep sesini duyuyor*).	
Security officer:	**Please step to the side.**	
Güvenlik görevlisi:	Lütfen kenara geçiniz.	
Güneş:	**Is everything ok?**	
Güneş:	Her şey yolunda mı?	
Security officer:	**Please raise your arms to the side.**	
Güvenlik görevlisi:	Lütfen ellerinizi kaldırın.	
Güneş:	**What happened?**	
Güneş:	Ne oldu?	
Security officer:	**Empty your pockets, please.**	
Güvenlik görevlisi:	Ceplerizi boşaltın.	
Güneş:	**I have some change in my pocket.**	
Güneş:	Cebimde bozuk para var.	
Security officer:	**Please take off your shoes and belt.**	
Güvenlik görevlisi:	Lütfen ayakabılarınızı ve kemerinizi çıkartın.	
Güneş:	**Shall I put them in the box?**	
Güneş:	Kutuya mı koysam?	
Security officer:	**Yes please.**	
Güvenlik görevlisi:	Evet lütfen.	
Güneş:	**OK!**	
Güneş:	Tamam!	
Security officer:	**Please take all your electronic devices out of your bag.**	
Güvenlik görevlisi:	Lütfen bütün elektronik aletlerinizi çantanızdan çıkartın.	

Güneş:	**I have a bottle of water.**
Güneş:	Bir şişe suyum var.
Security officer:	**I need to confiscate it because liquid is prohibited.**
Güvenlik görevlisi:	El koymak zorundayım çünkü sıvı geçirmek yasak.
Güneş:	**When I pass the security can I get another bottle of water?**
Güneş:	Güvenlikten geçtikten sonra başka bir şişe su alabilir miyim?
Security officer:	**Yes sure. All clear, have a good day.**
Güvenlik görevlisi:	Tabii ki. Sorun yok, iyi günler.

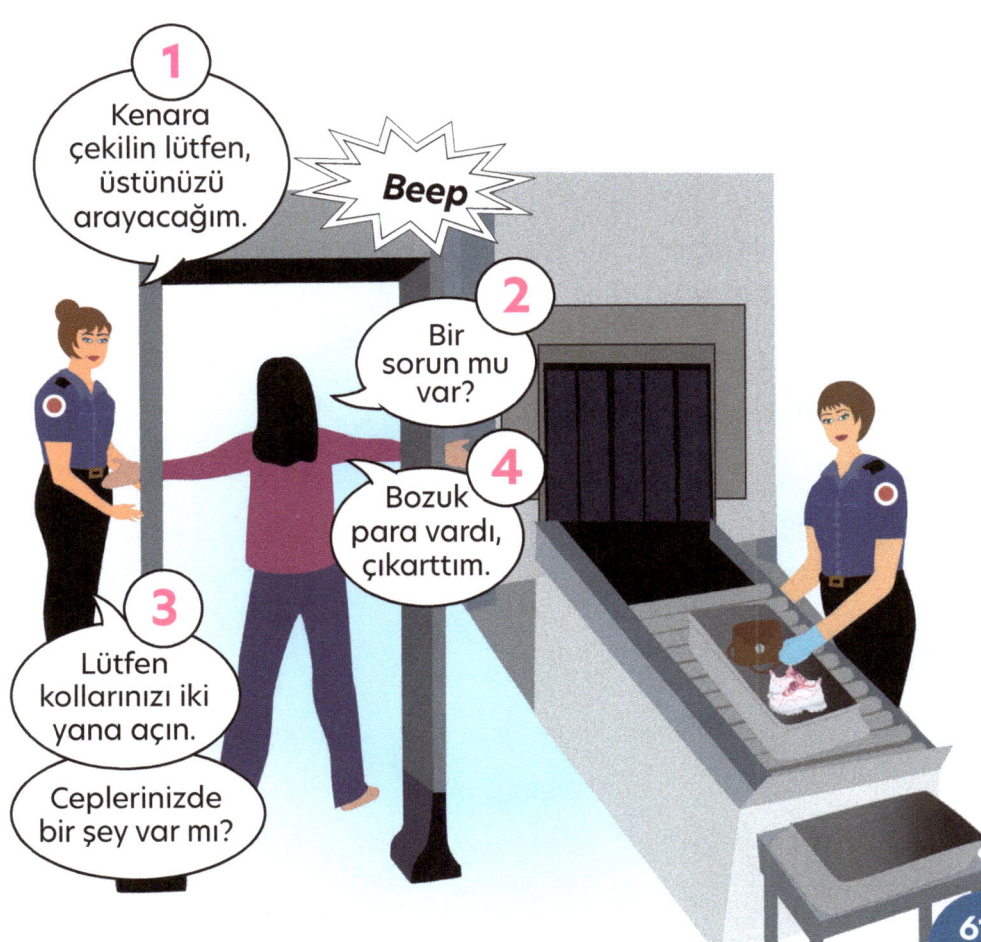

Passport Control and Customs
Pasaport Kontrolu ve Gümrük

Passport official: Good afternoon.
Can I see your passport please?
Pasaport görevlisi: Tünaydın.
Pasaportunuzu görebilir miyim?

Güneş: Here you are.
Güneş: Buyurun.

Passport official: Are you a tourist or here on business?
Pasaport görevlisi: Turist misiniz ya da iş nedeniyle mi buradasınız?

Güneş: I am a tourist and I came here to see my sister.
Güneş: Turistim ve kız kardeşimi görmeye geldim.

Passport official:
Do you have anything to declare?
Pasaport görevlisi: Gümrüğe tabi eşyanız var mı?

Güneş: No.
Güneş: Hayır.

Passport official:
You may proceed!
Pasaport görevlisi: Geçebilirsiniz.

Güneş: Perfect!
Güneş: Harika!

2 AT THE HOTEL • OTELDE

Words • Kelimeler

Breakfast: Kahvaltı
Bill: Fatura
Can I have?: Alabilir miyim?
Check in: Giriş yapmak
Check out: Çıkış yapmak
Cheap: Ucuz
City centre: Şehir merkezi
Day: Gün
Double bed: İki kişilik yatak
Dinner: Akşam yemeği
Drink: İçecek
Expensive: Pahalı
Family room: Aile odası
Food: Yiyecek
For one night: Bir gecelik/bir gece için
I am hungry: Acıktım
Lunch: Öğle yemeği
Night: Gece
Pay by cash: Nakit Ödeme
Pay by card: Kart ile Ödeme
Per night: Bir gecelik
Room: Oda
Room key: Anahtar
Single bed: Tek kişilik yatak
Towel: Havlu
Week: Hafta
Welcome: Hoşgeldiniz

Checking Into A Hotel: Otele Giriş Yapmak

Receptionist: Welcome to Gunesh Hotel. How can I help you?
Resepsiyonist: Gunesh Otel'e hoş geldiniz. Nasıl yardımcı olabilirim?

Guest: Hi, I would like to book a family room please.
Misafir: Merhaba, ben bir aile odası ayırtmak istiyorum.

Receptionist: How long are you going stay with us?

Resepsiyonist:	Bizimle ne kadar kalacaksınız?
Guest:	It will be for one week and five days.
Misafir:	Bir hafta ve beş gün.
Receptionist:	How many children do you have?
Resepsiyonist:	Kaç çocuğunuz var?
Guest:	I have 2 children. They are 8 and 12 years old.
Misafir:	2 (iki) çocuğum var. 8 (sekiz) ve 12 (on iki) yaşındalar.
Receptionist:	We have one family room available with one double and two single beds. The room has a sea view.
Resepsiyonist:	Bir tane iki kişilik ve iki tane tek kişilik yatakları olan bir aile odamız var. Oda deniz manzaralı.
Guest:	Wonderful! How much is it for one night?
Misafir:	Harika! Bir gece için ne kadar?
Receptionist:	Including breakfast, lunch and dinner, it would be fifty pounds per night.
Resepsiyonist:	Kahvaltı, öğle yemeği ve akşam yemeği dahil, bir gece için 50 (elli) sterlin.
Guest:	It is a bit expensive but I will book the room. Can I pay by cash?
Misafir:	Biraz pahalı ama odayı tutuyorum. Nakit ödeyebilir miyim?
Receptionist:	We don't accept cash. We only accept credit card or debit card.
Resepsiyonist:	Biz nakit kabul etmiyoruz. Biz sadece kredi kartı ya da hesap kartı kabul ediyoruz.
Guest:	Here is my credit card.
Misafir:	Buyurun kredi kartım.

Receptionist: Can I have your passports please?
Resepsiyonist: Pasaportlarınızı alabilir miyim lütfen?

Guest: Here are our passports.
Misafir: Buyurun pasaportlarımız.

Receptionist: Could you please fill out this form?
Resepsiyonist: Bu formu doldurur musunuz lütfen?

Receptionist:

1) Thank you. Here is your room key.

2) Your room number is 21. It is on the second floor.
3) If you need anything, just dial 1 for reception.

Resepsiyonist:

1) Teşekkür ederim. Buyurun oda anahtarınız.
2) Oda numaranız 21 (yirmi bir). Odanız ikinci katta.
3) Bir şeye ihtiyacınız olursa resepsiyon için sadece 1 (bir)'i tuşlayabilirsiniz.

Guest: Where is the restaurant and the toilet?
Misafir: Restoran ve tuvalet nerede?

Receptionist: The restaurant is on the first floor. All the toilets are based next to the lifts.
Resepsiyonist: Restoran birinci katta. Bütün tuvaletler asansörlerin yanında bulunuyor.

Guest: What kind of facilities do you have?
Misafir: Ne çeşit aktiviteleriniz var?

Receptionist:

1) Bars are open all the time and they're located in the garden area.
2) There is a family pool with a café. It is open from 7:00 am until 7:00 pm.
3) Kids Clubhouse also remains open all day.
4) Spa services, jacuzzi and steam bath also available every morning between 9:00 am and 11:00 am. I highly recommend it.

Resepsiyonist:

1) Barlar, her zaman açık ve bahçe alanlarındalar.
2) Kafesi olan bir aile havuzu var. Saat sabah 07.00 (yedi)'den akşam 7.00 (yedi)'ye kadar açık.
3) Çocuk kulübü de gün boyunca açık kalıyor.
4) Spa servisleri, jakuzi ve buhar banyosu her sabah 09.00

(dokuz) ile 11.00 (on bir) arası mevcuttur. Çok tavsiye ederim.

Guest: Where is the nearest beach?
Misafir: En yakın sahil nerede?

Receptionist: The nearest beach is 200 metres from our hotel.
Resepsiyonist: En yakın sahil, otelimize 200 (iki yüz) metre uzaklıkta.

Guest: Could you please tell me about the activities that we can do in the city?
Misafir: Lütfen şehirde ziyaret edebileceğimiz yerleri söyleyebilir misiniz?

Recetionist: You can go and see the art galleries, the 60's fashion museum and Cradle Cave.
Resepsiyonist: Sanat galerilerini, 60 (altmış)'ların moda müzesini ve Beşikli Mağara'yı gidip görebilirsiniz.

Guest: Ok, thanks for your help. One last question! Could you please tell me what is the check out time?
Misafir: Tamam, yardımınız için teşekkür ederim. Son bir soru! Çıkış saati ne zaman söylermisiniz lütfen?

Receptionist: The checkout is at 11:00 am. Have a nice time.
Resepsiyonist: Çıkış sabah saat 11.00 (on bir)'de. İyi eğlenceler.

Guest: Thanks. Have a good day.
Misafir: Teşekkürler. İyi günler.

Receptionist:	**Good evening. How can I help you?**
Resepsiyonist:	İyi akşamlar. Nasıl yardım edebilirim?
Guest:	**Good evening. I have lost my room key! I also need two more towels please.**
Misafir:	İyi akşamlar. Oda anahtarımı kaybettim! Bir de iki havluya daha ihtiyacım var.
Receptionist:	**No problem. Here is your new key. The towels will be in your room in five minutes.**
Resepsiyonist:	Sorun değil. Buyurun yeni anahtarınız. Havlular, beş dakika içinde odanızda olacak.
Guest:	**Thank you so much!**
Misafir:	Çok teşekkür ederim.

Checkout From The Hotel
Otelden Çıkış Yapmak

Receptionist:	**Good Morning. How can I help you?**
Resepsiyonist:	Günaydın. Nasıl yardımcı olabilirim?
Guest:	**Good morning. We would like to checkout now.**
Misafir:	Günaydın. Biz şimdi çıkış yapmak istiyoruz.
Receptionist:	**What is your room number please?**
Resepsiyonist:	Oda numaranız nedir lütfen?
Guest:	**21. Here is the key.**
Misafir:	21 (yirmi bir). Anahtar burada.
Receptionist:	**Including everything your bill is 900 pounds.**
Resepsiyonist:	Herşey dahil faturanız 900 (dokuz yüz) sterlin.

Guest:	**Here is my card.**
Misafir:	Buyurun, kartım.

Receptionist:	**Did you enjoy your stay?**
Resepsiyonist:	Memnun kaldınız mı?

Guest:	**It was wonderful. Thank you.**
Misafir:	Harikaydı. Teşekkür ederiz.

Receptionist:	**Goodbye, please come again.**
Resepsiyonist:	Hoşçakalın, tekrar bekleriz.

Guest:	**We certainly will come back.**
Misafir:	Kesinlikle tekrar geleceğiz.

3 SOCIAL MEDIA COMMUNICATION
SOSYAL MEDYADA İLETİŞİM

Words • Kelimeler

Advertisement: Reklam
Announce: Duyurmak
Art: Resim
Audience: Seyirci
Beauty: Güzellik
Comment: Yorum
Confirm: Kabul etmek
Delete: Silmek
Dislike: Beğenmemek
Email: E-posta
Follower: Takipçi
Friend request: Arkadaşlık teklifi
Internet: İnternet
Language: Dil
Like: Beğenmek
Listener: Dinleyici
Live: Canlı
Message: Mesaj
Mobile phone: Cep telefonu

Music: Müzik
Newspaper: Gazete
News report: Haberler
Notification: Bildirim
Search: Ara
Share: Paylaş
Sport: Spor
Social media: Sosyal media
Social network: Sosyal ağ
Subtitle: Altyazı
Story: Hikaye
To add: Eklemek
To follow: Takip etmek
To mention: Bahsetmek
To publish: Yayınlamak
To send: Göndermek
Video call: Görüntülü arama
Voice call: Sesli arama
Website: Web sitesi

Dilek: What a beautiful photo!
I love your hair and your new style!
Dilek: Ne güzel bir resim!
Saçlarını ve yeni tarzını çok beğendim!

Eda: Thank you so much.
Eda: Çok teşekkür ederim.

Dilek: Where did you get your dress from?
Dilek: Elbiseni nereden aldın?

Eda: I have been shopping online.
Eda: İnternetten alışveriş yaptım.

Dilek: Brilliant!
Dilek: Harika!

Eda: You should install the app.
There is 20% off your first order.
Eda: Uygulamayı indermelisin.
İlk siparişe %20 (yüzde yirmi) indirim var.

Dilek: You have one million followers and they all liked your style.

Dilek:	Bir milyon takipçin var ve hepsi tarzını çok beğeniyor.
Eda:	**I read all the comments and all of them are asking for the hair dresser's name.**
Eda:	Bütün yorumları okudum ve hepsi kuaförün adını soruyor.
Dilek:	**Yes. Why don't you reply to the comments?**
Dilek:	Evet. Neden yorumlara cevap vermiyorsun?
Eda:	**Well, I cut my own hair.**
Eda:	Ben kendi saçımı kendim kestim.
Dilek:	**Next time, you should record yourself and share it on social media.**
Dilek:	Bir daha ki sefere, kendini videonu çekmelisin ve sosyal medyada paylaşmalısın.
Eda:	**I have already recorded a "How to Cut Hair Tutorial" series of videos.**
Eda:	Ben zaten "Saç nasıl kesilir" konulu videolar çektim.
Dilek:	**Now is perfect time to share them.**
Dilek:	Bunları paylaşmanın şimdi tam zamanı.
Eda:	**Is that so?**
Eda:	Öyle mi?
Dilek:	**Yes.**
Dilek:	Evet.
Dilek:	**Soon you will be very popular! Just press the button and share it.**
Dilek:	Yakında çok popüler olacaksın. Düğmeye bas ve paylaş.
Eda:	**Guess what... I have already done it!!!**
Eda:	Tahmin et ... Yaptım bile!!!

4 AT THE HAIR SALON AND BARBER
KUAFÖR SALONUNDA VE BERBERDE

Words • Kelimeler

I would like to have: İstiyorum
I would like to get: İstiyorum
Beautician: Güzellik uzmanı
Blow dry: Saçı kurutma
Bun: Topuz
Comb: Tarak
Cost: Ücret
Completely shaven: Tamamen traşlı
Curly: Kıvırcık
Ends: Uçlar
Foot massage: Ayak masajı
Fringe: Kahkül, perçem

Grade two (2): İki (2) Numara
(Please see page 14 for other numbers)
Hair brush: Saç fırçası
Hairdresser: Kadın kuaförü
Hair salon: Kuaför salonu
How much?: Ne kadar?
Long: Uzun
Nail technician: Tırnak uzmanı
Perm: Perma
Quite short: Oldukça kısa
Roots: Kök

Shave: Traş
Shiny: Parlak
Short: Kısa
Sides: Yanlar
Smooth layers: Geçişleri düzgün olan katlar
Split ends: Kırık uçlar
Tip: Bahşiş
To bleach hair: Saçın rengini saç açıcı ile açmak
To book an appointment: Randevu almak
To colour/dye hair: Saç boyatmak

To get a little trim: Ucundan aldırmak
To have a hair cut: Saç kestirmek
To have a highlight: Hafif açtırmak, hafif ışıltı vermek
To have layers: Kat kat kesmek
Cost: Ücret
Wash, cut and blow dry: Saçı yıkama, kesme ve kurutma
Very short: Çok kısa
Volume: Hacim, kabarık

At The Hair Salon • Kuaförde

Hairdresser: Hello! Welcome to Venüs hair salon. Have you got an appointment?
Kuaför: Merhaba! Venüs kuaför salonuna hoş geldiniz. Randevunuz var mıydı?

Customer: Hello. Yes, I have an appointment under the name of Yasmin.
Müşteri: Merhaba. Evet, Yasmin adına bir randevum var.

Hairdresser: Yes, I can see it in the system.
Müşteri: Evet, sistemde görebiliyorum.

Customer: Thank you.
Müşteri: Teşekkür ederim.

Hairdresser: How can I help you today?
Kuaför: Bugün nasıl yardımcı olabilirim?

Customer: I would like to have a haircut and have my hair dyed please.
Müşteri: Saçımı kestirmek ve boyatmak istiyorum lütfen.

Hairdresser: How short would you like to have your hair cut?
Kuaför: Ne kadar kısa kestirmek istersiniz?

Customer: Could I please have it shoulder length?
Müşteri: Omuz uzunluğunda kesebilir misiniz lütfen?

Hairdresser: Perfect length. It will suit you really well.
Kuaför: Mükemmel bir uzunluk. Size gerçekten çok yakışacak.

Customer: Could you give me smooth layers please? I have lots of split ends.
Müşteri: Düzgün katlar verebilir misiniz lütfen? Saçımda çok kırık var.

Hairdresser: Ok, no problem. Layers will add some volume to your hair.
Kuaför: Tamam, sorun değil. Katlar saçınıza hacim katacak.

Customer: Sorry, I don't want any volume.
Müşteri: Kusura bakmayın, hiç hacim istemiyorum.

Hairdresser: Ok, however you like. Nearly finished.

Kuaför:	**How does it look?** Tamam, nasıl isterseniz. Neredeyse bitti. Nasıl görünüyor?
Customer: Müşteri:	**Fantastic! Love it!** Şahane! Bayıldım!
Hairdresser: Kuaför:	**What colour would you like for your hair?** Saçlarınız için hangi rengi istersiniz?
Customer: Müşteri:	**I want to try something different.** Farklı birşeyler denemek istiyorum.
Hairdresser: Kuaför:	**Here is the colour catalogue.** **Please just let me know when you are ready.** Buyurun renk katoloğu. Hazır olduğunuzda haber verin lütfen.
Customer: Müşteri:	**I just need 10 minutes. Thank you very much.** Sadece 10 (on) dakikaya ihtiyacım var. Çok teşekkür ederim.
Hairdresser: Kuaför:	**Have you decided what to choose?** Ne seçeceğinize karar verdiniz mi?
Customer: Müşteri:	**Yes, I have decided. I want this one.** **It is cinnamon latte colour.** Evet, karar verdim. Ben bunu istiyorum. Tarçınlı süt rengi.
Hairdresser: Kuaför:	**If you want this colour, we will have to bleach your hair.** Eğer bu rengi istiyorsanız, biz saçınıza saç açıcı kullanmak zorundayız.

Customer:	My hair is very weak; will that be a problem?
Müşteri:	Benim saçlarım çok zayıf, bu sorun olabilir mi?
Hairdresser:	Yes, it might be. Why don't you try coffee colours?
Kuaför:	Evet, olabilir. Neden kahve renklerini denemiyorsunuz?
Customer:	Yes! I would like the hazelnut shell colour please.
Müşteri:	Evet! Ben fındık kabuğu rengi istiyorum lütfen.
Hairdresser:	All right, then let's begin.
Kuaför:	Tamam, o zaman başlayalım.

1 hour later: 1 saat sonra

Hairdresser:	It's done. Do you like it?
Kuaför:	Bitti. Beğendiniz mi?
Customer:	That looks amazing. Thanks.
Müşteri:	Harika görünüyor. Teşekkürler.
Hairdresser:	Yes, this hairstyle and the colour suit you well. We also have the nail technician if you want to have your nails done.
Kuaför:	Evet, bu saç modeli ve rengi size çok yakıştı. Eğer tırnaklarınızı da yaptırmak isterseniz, bizim tırnak uzmanımız var.
Customer:	Yes please. I would like to have a manicure and a pedicure first. After that, can I please have my nails done?
Müşteri:	Evet lütfen. Ben önce manikür ve pedikür yaptırmak istiyorum. Daha sonra tırnaklarımı yaptırabilir miyim lütfen?

Beautician: Could you please choose your colour?
Güzellik uzmanı: Lütfen renginizi seçer misiniz?

Customer: I would like to have red nails please.
Müşteri: Kırmızı tırnaklar istiyorum lütfen.

Beautician: Sounds great! Would you like the gel or the normal nail varnish?

Güzellik Uzmanı:	Kulağa hoş geliyor. Jel mi yoksa normal oje mi istersiniz?
Customer: Müşteri:	**How long does the gel last?** Jel ne kadar dayanır?
Beautician: Güzellik Uzmanı:	**Approximately 2 weeks.** Yaklaşık iki hafta.

Customer: Müşteri:	**Thank you so much for everything.** **How much do I owe you?** Herşey için çok teşekkür ederim. Ne kadar ödüyorum?
Hairdresser: Kuaför:	**150 pounds.** 150 (yüz elli) sterlin.
Customer: Müşteri:	**Could I please make an appointment for next week?** Gelecek hafta için randevu alabilir miyim?
Hairdresser: Kuaför:	**Is October 29th Wednesday at 10 o'clock any good?** 29 (yirmi dokuz) Ekim Çarşamba saat 10.00 (on) iyi mi?
Customer: Müşteri:	**Yes please.** Evet, lütfen.
Hairdresser: Kuaför:	**Enjoy your day.** İyi günler.
Customer: Müşteri:	**Thank you.** Teşekkür ederim.

At the Barber • Berberde

Barber: Hello! Welcome. How can I help you?
Berber: Merhaba! Hoşgeldiniz.
Size nasıl yardımcı olabilirim?

Customer: Hello. Could I please get a haircut?
Müşteri: Merhaba. Saçımı kestirmek istiyorum.

Barber: What kind of style would you like?
Berber: Nasıl kestirmek istersiniz?

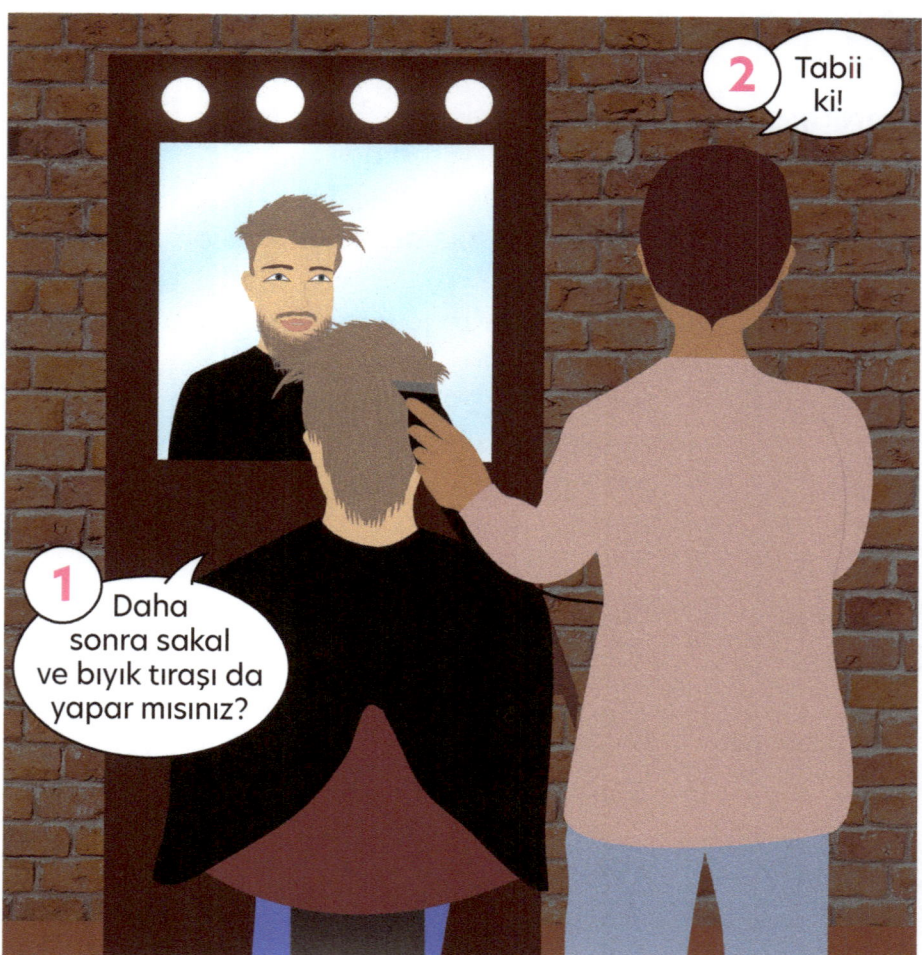

Customer: I'd like it short at the sides and longer on top please.
Müşteri: Yanları kısa olsun ve üst taraf uzun olsun lütfen.

Barber: No problem, please have a seat.
Berber: Olur, lütfen oturun.

Customer: Thank you.
Could you shave my beard and moustache?
Müşteri: Teşekkür ederim.
Sakal ve bıyık tıraşı yapar mısınız?

Barber: Of course!
Berber: Tabii ki!

Customer: That looks amazing. Thank you very much.
How much do I owe you?
Müşteri: Harika görünüyor. Çok teşekkür ederim.
Borcum ne kadar?

Barber: You are our very first customer.
So, it will be free of charge!
Berber: Siz benim ilk müşterimsiniz.
Bu yüzden size bedava!

Customer: Wow! Thanks a lot, but I would like to leave a tip. Here you are!
Müşteri: Harika! Teşekkür ederim ama bahşiş bırakmak isterim. Buyurun!

Barber: Thanks a lot. Have a good day.
Berber: Çok teşekkür ederim. İyi günler.

5 AT THE RESTAURANT • RESTORANDA

Words & Phrases • Kelimeler ve İfadeler

Waiter! Excuse me!: Garson! Bakar mısınız?

We are in a hurry, how long will it take?
Bizim acelemiz var daha ne kadar sürer?

Excuse me, is this seat free? Affedersiniz, burası boş mu?

Can I take your order please?
Siparişinizi alabilir miyim lütfen?

Today's special: Günün spesiyali

What would you like to drink? İçecek olarak ne alırdınız?

Are you enjoying everything? Her şey istediğiniz gibi mi?

Sorry to keep you waiting: Beklettiğim için özür dilerim.

Please accept my apologies: Lütfen özrümü kabul edin.

I don't eat red meat: Kırmızı et yemiyorum.

It looks very delicious: Çok lezzetli görünüyor.

Bill: Hesap
Black pepper: Karabiber
Breakfast: Kahvaltı
Brunch: Geç yapılan kahvaltı
Cash: Nakit para
Chef: Aşçı
Coffee: Kahve

Customer: Müşteri
Dessert: Tatlı
Dinner: Akşam yemeği
Fork: Çatal
Fruit: Meyve
Knife: Bıçak
Lunch: Öğle yemeği

Main course: Ana yemek

Manager: Müdür

Medium: Orta pişmiş

Menu: Menü

Napkin: Peçete

One beer: Bir bira

Plate: Tabak

Price list: Fiyat listesi

Rare: Az Pişmiş

Red wine: Kırmızı şarap

Restaurant: Restoran / Lokanta

Reservation: Rezervasyon

Salt: Tuz

Spoon: Kaşık

Starter: Meze

Tea: Çay

Teatime: Çay saati

That's enough: Yeter

Tip: Bahşiş

Two beers: İki bira

Vegetable: Sebze

Waitress/Waiter: Garson

Well done: Çok pişmiş (used for thoroughly cooked meat, not for praising someone)

White wine: Beyaz şarap

At the Restaurant • Restoranda

<u>Waiter:</u> Good evening sir and madam, welcome to Yıldız Restaurant.
Garson: İyi akşamlar beyefendi ve hanımefendi, Yıldız restoranına hoşgeldiniz.

<u>Lady:</u> Good evening. A table for two please!
Bayan: İyi akşamlar. İki kişilik masa lütfen!

<u>Waiter:</u> This way.
Garson: Buradan.

Lady:	Thank you.
Bayan:	Teşekkür ederim.

Waiter:	Here is the menu!
Garson:	Buyurun menünüz!

Lady:	Thank you.
Bayan:	Teşekkür ederim.

Waiter:	What would you like to drink?
Garson:	Ne içmek istersiniz?

Lady:	May I please have a glass of red wine?
Bayan:	Bir bardak kırmızı şarap alabilir miyim?

Gentleman:	May I please have a glass of white wine?
Beyefendi:	Bir bardak beyaz şarap alabilir miyim?

Waiter: Certainly you may!
Garson: Tabii ki alabilirsiniz!

Lady: We are ready to order.
Bayan: Sipariş verebilir miyiz?

Waiter: What can I get you?
Garson: Sizin için ne getirebilirim?

Lady: Could I have strips of lamb (*İskender Kebap*)?
Bayan: İskender Kebap alabilir miyim?

Gentleman: Sea bass with rocket salad please.
Beyefendi: Levrek balığı alabilir miyim?
Yanında roka salatası olsun lütfen.

Waiter: Would you like any starters?
Garson: Meze ister misiniz?

Lady: Can I have selection of olives and chargrilled halloumi?
Bayan: Zeytin çeşitleri ve ızgara hellim peyniri alabilir miyim lütfen?

Waiter: Of course!
Garson: Tabii ki!

Gentleman: May I please have vegetarian starters (*humus, grilled aubergine and courgette salad*) and a jug of water?
Beyefendi: Vejetaryen mezeler (humus, ızgara patlıcan ve kabak salatası) ve bir şişe su alabilir miyim?

Waiter: They will be ready in 10 minutes.
Garson: 10 dakikaya hazırlar.

Lady: Thank you.

Bayan: Teşekkür ederim.

Waiter: Enjoy your meal.
Garson: Afiyet olsun.

Lady and Gentleman: Everything was delicious. Thank you.
Bayan ve Beyefendi: Herşey çok lezetliydi. Teşekkür ederim.

Waiter: Would you like something for dessert?
Garson: Tatlı ister misiniz?

Lady: Can I please have baklava (*filo pastry filled with chopped nuts and soaked in honey*)?
Bayan: Baklava alabilir miyim?

Gentleman: Could I please have Turkish rice pudding?
Beyefendi: Sütlaç alabilir miyim?

Waiter: They will be ready in 5 minutes.
Garson: 5 dakikaya hazır olacaklar.

Lady/Gentleman:
Everything was wonderful. Thank you so much.
Bayan ve Beyefendi: Herşey harikaydı. Çok teşekkür ederiz.

Gentleman: Could we have the bill please?
Beyefendi: Hesap lütfen!

Waiter: 85 (Eighty-five) Turkish lira.
Garson: Seksen beş Türk lirası.

Gentleman: Here you are. Please keep the change.
Beyefendi: Buyurun. Üstü kalsın.

Waiter: Thank you.
Garson: Teşekkür ederim.

6 IN THE TAXI • TAKSİDE

Words • Kelimeler

I would like to have a taxi please:
Taksi istiyorum lütfen

Accident: Kaza

Cash: Nakit

Change: Bozuk para

How much: Ne kadar?

I am in a rush: Acelem var

Luggage: Valiz

Quick: Hızlı

Passenger: Yolcu

Seat belt: Emniyet Kemeri

Slow: Yavaş

Spacious car:
İçi geniş araç

Taxi driver: Taksi şoförü

Traffic jam: Trafik

Taxi Driver: Şoför:	Hello. Merhaba.
Passenger: Yolcu:	Hello (Chewing on food). Merhaba (Yemek çiğniyor).
Taxi Driver: Şoför:	Please don't eat in the car. Arabada lütfen yemek yemeyiniz.
Passenger: Yolcu:	Sorry. Özür dilerim.
Taxi Driver: Şoför:	Where would you like to go? Nereye gitmek istersiniz?
Passenger Yolcu:	I would like to go to the Topkapı Palace Museum please. Is it far? Topkapı Sarayı'na gitmek isterim. Uzak mı?

Taxi driver: We are in Eminönü. It will take 14 minutes.
Şoför: Eminönü'ndeyiz. On dört dakika sürer.

Passenger: It is very close. Brilliant.
Yolcu: Çok yakın. Harika.

Taxi driver: Yes. It will be via Divan Yolu Street.
Şoför: Evet. Divan Yolu Caddesi üzerinden gidilecek.

Passenger:	I heard a lot about The Topkapı Museum. Is it big?
Yolcu:	Topkapı Müzesi hakkında çok şey duydum. Büyük mü?
Taxi Driver:	The site is seven hundred thousand (700 000) square meters. It is huge.
Şoför:	Yedi yüz bin (700 000) metrekare bir alanda kurulmuş. Çok büyük.
Passenger:	How long before we arrive? Is it okay if I open a window?
Yolcu:	Ulaşmamıza ne kadar kaldı? Pencereyi açabilir miyim?
Taxi driver:	There is a traffic jam. Shall I turn on the air conditioning?
Şoför:	Trafik var. Klimayı açayım mı?
Passenger:	Yes, please turn it on. Are we there yet?
Yolcu:	Evet, lütfen açalım. Vardık mı?
Taxi Driver:	Nearly there. Now we are here!
Şoför:	Hemen hemen. Şimdi vardık!
Passenger:	How much do I owe you?
Yolcu:	Borcum ne kadar?
Taxi Driver:	50 Turkish lira.
Şoför:	Elli (50) Türk lirası.
Passenger:	Here you are. Thank you.
Yolcu:	Buyurun. Teşekkür ederim.
Taxi Driver:	Thank you. Have a good day.
Şoför:	Teşekkür ederim. İyi günler.

7 TRUCK DRIVER • TIR ŞOFÖRÜ

Custom officer: Hello. How are you?
Gümrük görevlisi: Merhaba. Nasılsınız?

Adnan (the truck driver): **I am fine. Thank you.**
Adnan (Tır şoförü): Ben iyiyim. Teşekkür ederim.

Custom officer: Can you show me your paper work?
Gümrük görevlisi: Dökümanlarınızı gösterir misiniz?

Adnan: Yes of course.
Adnan: Evet tabii ki.

Custom officer: I want to check your breaks, wheels, lights and shelves.
Gümrük görevlisi: Frenleri, tekerleri, ışıkları ve rafları kontrol etmek istiyorum.

Custom officer: There's something wrong with the lights. You need to fix it.
Gümrük görevlisi: Işıklarda bir sorun var. Tamire götürmelisin.

Adnan: Could you help me?
Adnan: Bana yardım eder misin?

Custom officer: This is the service number.
Gümrük görevlisi: Bu servis numarası.

Adnan: How much will that cost?
Adnan: Ne kadar tutar?

Custom officer: About 40 pounds.
Gümrük görevlisi: Kırk (40) pound civarı.

Adnan: Thank you very much!
Adnan: Çok teşekkür ederim.

Company Shipment Location
Mal Boşaltma Yeri

Adnan (the truck driver): **Hello.**
Adnan: Merhaba.

Adnan: I would like to unload my vehicle.
Adnan: Aracımı boşaltmak istiyorum.

Worker: Let me check. You can unload tomorrow.
Çalışan: Kontrol edeyim. Yarın boşaltabilirsin.

Adnan: What time?
Adnan: Saat kaçta?

Worker: At 9 (nine) o'clock.
Çalışan: Saat 09.00 (dokuz)'da.

Adnan: Which ramp should I go to?

Adnan: Hangi rampaya gitmeliyim?

Worker: That one (pointing).
Çalışan: Bu (işaret ediyor).

Adnan: What number is it?
Adnan: Kaç numara?

Worker: Number 12!
Çalışan: On iki (12) numara!

Adnan: Thank you.
Adnan: Teşekkür ederim.

Worker: See you tomorrow.
Çalışan: Yarın görüşürüz.

Adnan: Wonderful.
Adnan: Harika.

8 AT THE HOSPITAL • HASTANEDE

Words • Kelimeler

Ache: Ağrı

Asthma: Astım

Body: Vücut

Bone: Kemik

Burn: Yanık

Diarrhea: İshal

First degree burn: Birinci derece yanık

Headache: Baş ağrısı

Health: Sağlık

How can I help you? Nasıl yardımcı olabilirim?

Itch: Kaşıntı

Medicine: İlaç

Muscle: Kas

Nausea: Bulantı

Pain: Ağrı

Pharmacist: Eczacı

Prescription: Reçete

Sore throat: Boğaz ağrısı

Temperature: Ateş

Tummy ache: Karın ağrısı

To lose weight: Zayıflamak

To gain weight: Kilo almak

I have got a cold: Soğuk almışım.

I have got a headache: Başım ağrıyor.

I have got earache: Kulağım ağrıyor.

I feel sick: Midem bulanıyor.

I have got a fever: Ateşim var.

Weight: Kilo

Patient: Good morning doctor.
Hasta: Günaydın doktor bey.

Doctor Günay: Good morning. How can I help you?
Doktor Günay: Günaydın. Nasıl yardımcı olabilirim?

Patient:	I don't feel very well.
Hasta:	Kendimi iyi hissetmiyorum.
Doctor Günay:	You look pale.
Doktor Günay:	Biraz soluk görünüyorsunuz.
Patient:	I think I have got a fever.
Hasta:	Sanırım ateşim var.
Doctor Günay:	Let me check your temperature.
Doktor Günay:	Ateşinizi kontrol edeyim.
Patient:	Yes please.
Hasta:	Evet lütfen.
Doctor Günay:	You've a high fever, 39.5. Can I check your tonsils as well?
Doktor Günay:	Yüksek derecede ateşiniz var, 39.5 (otuz dokuz nokta beş). Bademciklerinize bakabilir miyim?
Doctor Günay:	Yes, you have a sore throat. Do you feel sweaty and shivery?
Doktor Günay:	Evet, bademcikleriniz şişmiş. Terleme ve üşüme var mı?
Patient:	Yes. I've had a terrible headache since Friday.
Hasta:	Evet. Cumadan beri kötü bir baş ağrım var.
Doctor Günay:	Have you taken any pain killers?
Doktor Günay:	Ağrı kesici aldınız mı?
Patient:	No, I didn't take any medicines.
Hasta:	Hayır, ağrı kesici almadım.

Doctor Günay: Do you have any nausea, indigestion, vomiting, diarrhoea or loss of appetite?
Doktor Günay: Mide bulantısı, hazımsızlık, kusma, ishal veya iştahsızlık var mı?

Patient: Touch wood, I don't!
Hasta: Tahtaya vuralım, yok!

Doctor Günay: I'll prescribe an antibiotic and a pain killer. Please drink plenty of water.
Doktor Günay: Size antibiyotik ve ağrı kesici yazıyorum. Lütfen bol bol su için.

Patient: OK, I will do that. Thank you doctor.
Hasta: Tamam, içeceğim. Teşekkürler doktor bey.

Doctor Günay: You are welcome.
Doktor Günay: Rica ederim.

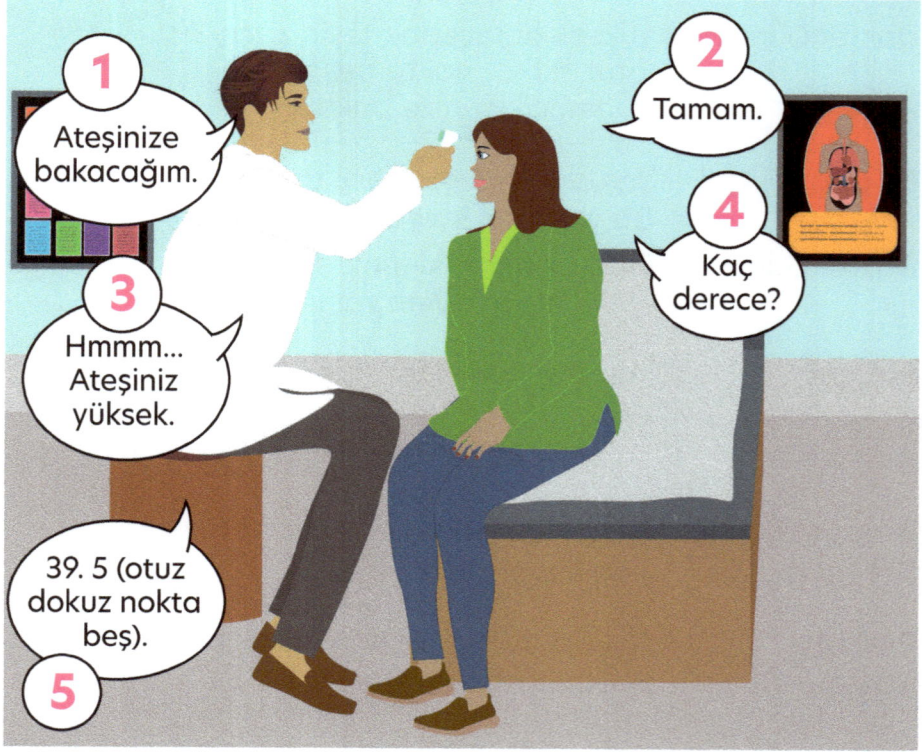

9 AT THE PHARMACY • ECZANEDE

Words • Kelimeler

Can I buy? (Satın) Alabilir miyim?

How much? Ne kadar?

Fever: Ateş.

Headache: Baş ağrısı

Foot ache: Ayak ağrısı

Sore throat: Boğaz ağrısı

Stomach ache: Karın ağrısı

Tooth ache: Diş ağrısı

Nausea: Mide bulantısı

Indigestion: Hazımsızlık

Vomiting: Kusma

Diarrhoea: İshal

Constipation: Kabızlık

Loss of appetite: İştahsızlık

There is: Var

There isn't: Yok

Is there? Var mı?

Isn't there? Yok mu?

Tonsilitis: Bademcik iltihabı

That you want: İstediğiniz

If you want: Eğer isterseniz

Medicine: İlaç

Painkillers: Ağrı kesici

Prescription: Reçete

Pharmacist: Welcome to Alisya Pharmacy. How can I help you?
Eczacı: Alisya Eczanesine hoşgeldiniz. Nasıl yardımcı olabilirim?

Patient: Hi, can I please have some medicine for a fever and a sore throat?
Hasta: Merhaba, ateş ve boğaz ağrısı için ilaç alabilir miyim?

Pharmacist: Do you have a prescription?
Eczacı: Reçeteniz var mı?

Patient: Yes, I do! Here it is!
Hasta: Evet var! Buyurun!

Pharmacist: There are two different items. Let me check.
Eczacı: İki farklı ürün var. Bir kontrol edeyim.

Patient: OK!
Hasta: Tamam.

Pharmacist: We have the medicine for your sore throat.
Eczacı: Boğaz ağrısı için ilaç var.

Patient: Perfect.
Hasta: Harika.

Pharmacist: We don't have the antibiotics that you want for tonsillitis.
Eczacı: Bademcik iltihabı için istediğiniz antibiyotik yok.

Eczacı: If you want, I can offer a different brand of antibiotics.
Eczacı: Eğer isterseniz, başka bir markanın antibiyotiğini önerebilirim.

Patient: Is there a difference between them?
Hasta: Arada fark var mı?

Pharmacist: This one is cheaper.
Eczacı: Bu daha ucuz.

Patient: Perfect. Are there any side effects?
Hasta: Harika. Yan etkileri var mı?

Pharmacist: Nausea, indigestion, vomiting, diarrhoea, constipation and loss of appetite.
Eczacı: Mide bulantısı, hazımsızlık, kusma, ishal, kabızlık ve iştahsızlık.

Patient: Oh dear! Maybe I shouldn't buy it!
Hasta: Aman tanrım! Belki almamalıyım!

Pharmacist: I understand.
Eczacı: Anlıyorum.

Patient: Can I please have painkillers?
Hasta: Ağrı kesici alabilir miyim?

Pharmacist: What is wrong?
Eczacı: Sorun nedir?

Patient:	It is for my headache. It is on the prescription.
Hasta:	Baş ağrım için. Reçetede var.
Pharmacist:	I see. Would you like something strong?
Eczacı:	Görüyorum. Ağır birşey ister misiniz?
Patient:	Ok! What is it called?
Hasta:	Tamam! Adı ne?
Pharmacist:	It is called "The Pain That Goes Away".
Eczacı:	Adı "Giden Ağrı".
Patient:	I know this one. Yes please.
Hasta:	Bunu biliyorum. Evet lütfen.
Patient:	How much is it?
Hasta:	Ne kadar?
Pharmacist:	All together 160 (Hundred and Sixty) Turkish lira.
Eczacı:	Hepsi yüz altmış lira.
Patient:	Thank you so much.
Hasta:	Teşekkür ederim.
Pharmacist:	If you need anything, you can always come in.
Eczacı:	Eğer birşeye ihtiyacınız olursa her zaman gelebilirsiniz.
Patient:	Thank you!
Hasta:	Teşekkür ederim.
Pharmacist:	Have a nice day!
Eczacı:	İyi günler.

10 THE SOUVENIR SHOP
HEDİYELIK EŞYA MAĞAZASINDA

Words • Kelimeler

Bracelet: Bileklik/Bilezik

Can you help me?: Bana yardım eder misiniz?

Customer: Müşteri

Discount: İndirim

Expensive: Pahalı

Fridge Magnet: Buzdolabı süsü

Gift: Hediye

It's a bargain!: Çok ucuz!

I want a purple bag: Mor bir çanta istiyorum.

Jewel: Takı

Magnet: Mıknatıs

Necklace: Kolye

Payment: Ödeme

Please: Lütfen

Reduced price: İndirimli fiyat

Ring: Yüzük

Shop Keeper: Satıcı

Variety: Çeşitli

What are you looking for?: Neye baktınız?

Ender: Hello. Can you help me please? I am looking for a present for my mum, my wife and children.

Ender: Merhaba. Bana yardım eder misiniz lütfen? Annem, eşim ve çocuklarım için hediye bakıyorum.

Shop Keeper: Of course! We have a variety of gift selection. What are you looking for?

Satıcı: Tabii! Pek çok hediye çeşitlerimiz var. Neye baktınız?

Ender:	**I'm looking for fridge magnets for my mum.**
Ender:	Annem için buzdolabı süslerine bakıyorum.
Shop Keeper:	**There are 100 different fridge magnets in here.**
Satıcı:	Yüz (100) değişik buzdolabı süsü var burada.
Ender:	**I like the blue one with the Turkish ceramic.**
Ender:	Türk seramikli, mavi olanı beğendim.
Shop Keeper:	**Fantastic.**
Satıcı:	Muhteşem.
Ender:	**Do you have any jewel?**
Ender:	Takı var mı?
Shop keeper:	**Yes, there are necklaces, bracelets and rings.**
Satıcı:	Evet, kolyeler, bilezikler ve yüzükler var.
Ender:	**My mum would love this necklace. My wife would like this ruby ring. My sons would like the wrist bands.**
Ender:	Annem bu kolyeyi beğenir. Eşim bu yakut yüzüğü beğenir. Oğullarım da bu bileklikleri beğenir.
Shop keeper:	**Excellent choice.**
Satıcı:	Harika bir tercih.
Ender:	**How much is it?**
Ender:	Ne kadar?

Shop keeper: 300 (Three hundred) Turkish lira.
Satıcı: Üç yüz lira.

Ender: It is a bargain!
Ender: Çok ucuz!

Shop keeper: Great. How would you like to pay for it?
Satıcı: Harika. Ödemeyi nasıl yapmak istersiniz?

Ender: With my card.
Ender: Kartımla.

Shop Keeper: All sorted. Thank you so much.
Satıcı: Hepsi tamam. Çok teşekkür ederim.

Ender: Thank you. Have a good day.
Ender: Teşekkür ederim. İyi günler.

11 AT THE SUPERMARKET • SUPERMARKETTE

Words • Kelimeler

Can I get: Alabilir miyim?

I want one kg red apples: Bir kilo kırmızı elma istiyorum.

To buy: Satın almak

To change: Değiştirmek

To pay: Ödemek

Basket: Sepet

Cash: Nakit

Cashier: Kasiyer

Change: Bozuk para/ Bozukluk/Para üstü

Checkout: Çıkış/Ödeme bölümü

Filo pastry: Yufka

How much: Ne kadar?

How much is it?: Kaç lira?

How is that?: Bu nasıl?

One kg: Bir kilo

Two litres: İki litre

Fruit: Meyve

Vegetable: Sebze

Ok. I'm buying: Tamam. Satın alıyorum.

Pastry: Börek

Please: Lütfen

Price: Fiyat

Products: Ürünler

Shelves: Raflar

Shopping mall: Alışveriş merkezi

Sure: Elbette

Wallet /Purse: Cüzdan

Option: Seçenek

Shop Keeper: Hi, how can I help you?
Satıcı: Merhaba, nasıl yardım edebilirim?

Hannah: I would like to buy some apples.
Hannah: Biraz elma almak istiyorum.

Shop Keeper: Red or green?
Satıcı: Kırmızı mı yeşil mi?

Hannah:	Can I have red apples?	
Hannah:	Kırmızı elma alabilir miyim?	
Shop Keeper:	How many kilos?	
Satıcı:	Kaç kilo?	
Hannah:	2 (two) kilos please.	
Hannah:	İki kilo lütfen.	
Shop Keeper:	Do you want some bananas?	
Satıcı:	Biraz muz ister misin?	
Hannah:	Yes, please. Bananas are my favourite fruit.	
Hannah:	Evet, lütfen. Muz benim en sevdiğim meyvedir.	
Shop keeper:	There is fresh milk and some filo pastry.	
Satıcı:	Taze süt ve biraz yufka var.	
Hannah:	Can I have 2 litres of milk and 5 (five) sheets of filo pastry, please?	
Hannah:	İki litre süt ve 5 beş adet yufka alabilir miyim lütfen.	
Shop Keeper:	Of course!	
Satıcı:	Tabii!	
Hannah:	Do you have red wine?	
Hannah:	Kırmızı şarap var mı?	
Shop Keeper:	I have a special red wine from 1999 (Nineteen ninety-nine) if you want?	

Satıcı:	Bin dokuz yüz doksan dokuz (1999) dan özel bir şarap var.
Hannah:	**Yes. Please.** **How much is it all together?**
Hannah:	Evet. Lütfen. Toplamda ne kadar?
Shop Keeper:	**For you it is 150 (Hundred and fifty) Turkish lira.**
Satıcı:	Senin için yüz elli (150) Türk lirası.
Hannah:	**As always you are very kind. Thank you!**

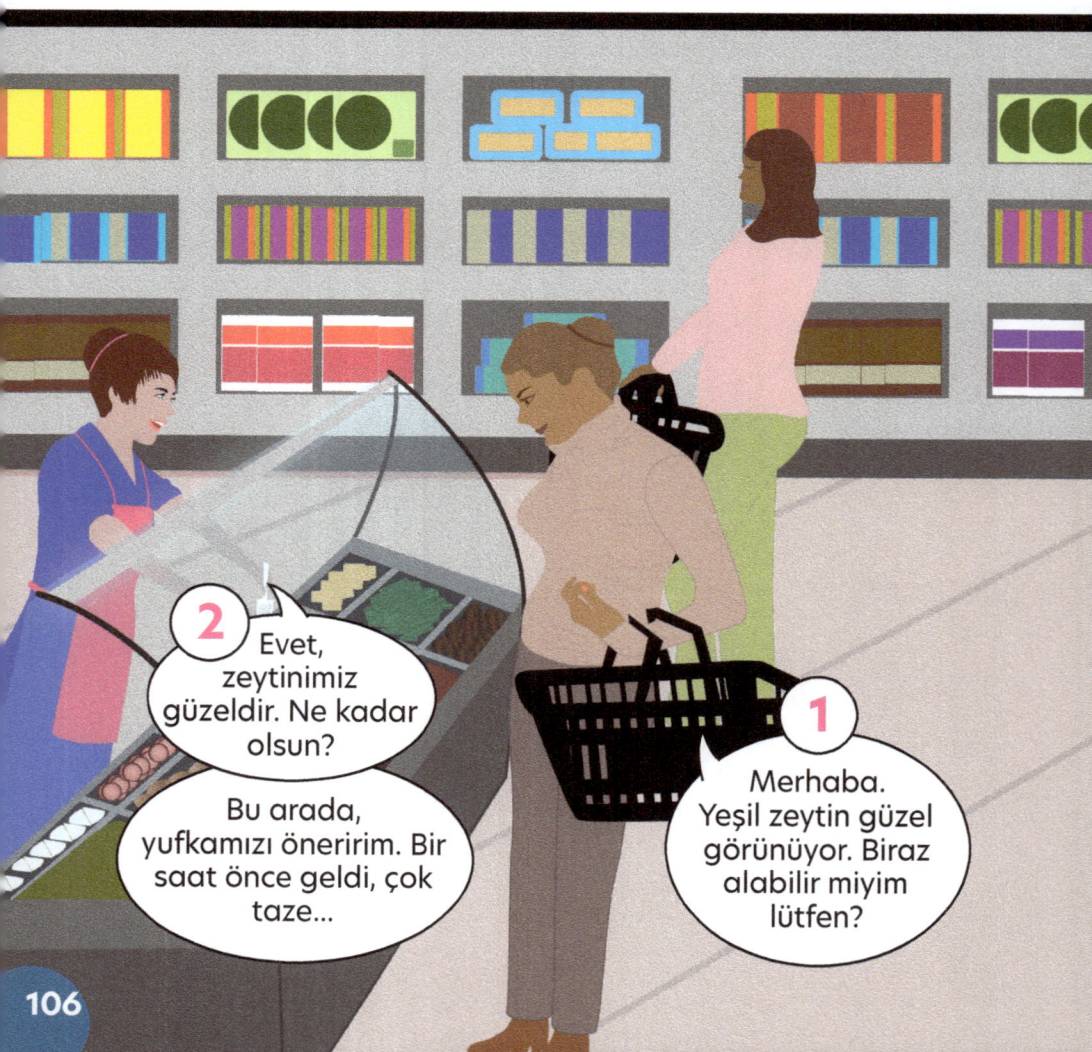

2 Evet, zeytinimiz güzeldir. Ne kadar olsun?

Bu arada, yufkamızı öneririm. Bir saat önce geldi, çok taze...

1 Merhaba. Yeşil zeytin güzel görünüyor. Biraz alabilir miyim lütfen?

Hannah: Her zaman ki gibi çok naziksiniz. Teşekkür ederim.

Shop Keeper: **If you need anything, we have a home delivery service. Call this number.**
Satıcı: Eğer bir şey isterseniz, eve servisimiz var. Bu numarayı arayın.

Hannah: **That's great because I will need a dozen water bottles.**
Hannah: Bu harika çünkü bir düzine su lazım olacak.

Shop Keeper: I will send Ali to your apartment in an hour.
Satıcı: Ali'yi bir saat içinde dairenize göndereceğim.

Hannah: Brilliant. Have a nice day.
Hannah: Harika. İyi günler.

Ellie: Hi Hannah, how are you?
Ellie: Merhaba Hannah, nasılsın?

Hannah: Hi, I am fine, thank you.
Hannah: Merhaba, ben iyiyim, sen nasılsın?

Ellie: I didn't know that you shopped at Hatay Supermarket!
Ellie: Hatay Supermarketten alışveriş yaptığını bilmiyordum!

Hannah: This is the best supermarket. On Fridays, it has a special discount.
Hannah: Burası en iyi supermarket. Cuma günleri özel indirimleri var.

Ellie: I will definitely come every Friday. What is this?
Ellie: Kesinlikle her Cuma geleceğim. Bu nedir?

Hannah: That is called Yufka. It is a special thin pastry. Add some cheese to it and put it in the oven. Delicious börek will be ready in 10 minutes.
Hannah: Adı Yufka. Özel, ince bir hamur. Biraz peynir ekle ve fırına at. Lezzetli börek 10 dakikada hazır olacak.

Ellie:	**Sounds really yummy.**	
Ellie:	Kulağa hoş geliyor.	
Hannah:	**Would you like to try some of my börek?**	
Hannah:	Böreğimi tatmak ister misin?	
Ellie:	**That would be lovely.**	
Ellie:	Bu harika olur.	
Hannah:	**Come round at 5 (five) p.m.**	
Hannah:	Saat 5 (beş)'te bana gel.	
Ellie:	**Yes, I will, thank you. See you at 5:00 tonight.**	
Ellie:	Evet, geleceğim, teşekkür ederim. Saat 5 (beş)'te görüşürüz.	
Hannah:	**Goodbye.**	
Hannah:	Hoşçakal.	

12 AT THE CLOTHES SHOP
GİYİM MAĞAZASINDA

Words • Kelimeler

Big: Büyük

Can I try: Deneyebilir miyim?

Can I buy: Alabilir miyim?

Cheap: Ucuz

Customer: Müşteri

Dress: Elbise

Expensive: Pahalı

Fitting room: Kabin

How much: Ne kadar

Shirt: Gömlek

Size: Ölçü/Beden

Small: Küçük

Long: Uzun

Money: Para

Option: Seçenek

Sold: Satıldı

Tight: Dar

To buy: Almak

To return: Geri vermek

To like: Beğenmek

To try: Denemek

Trousers: Pantolon

T-shirt: Tişört

What colour?: Ne renk? / Hangi renk?

I want a purple dress: Mor bir elbise istiyorum.

Sales assistant: Hello. How can I help you?
Satıcı: Merhaba. Nasıl yardımcı olabilirim?

Seda: Hello. I'm looking for a dress.
Seda: Merhaba. Ben bir elbise bakıyorum.

Sales Assistant: What type of dress would you like?
Satıcı: Nasıl bir elbise istersiniz?

Seda: Long and tight-fitting please.

Seda:	Uzun ve dar lütfen.
Sales Assistant: Satıcı:	We have got just the right dress for you. Tam size göre bir elbisemiz var.
Seda: Seda:	Yes. This is beautiful. Evet. Bu çok güzel.
Sales Assistant: Satıcı:	What colour do you prefer? Ne renk tercih edersiniz?
Seda: Seda:	Can I try the black one and the grey one? Siyah ve gri olanı deneyebilir miyim?
Sales Assistant: Satıcı:	What size do you need? Kaç beden?
Seda: Seda:	Medium size please. Orta beden lütfen.
Sales Asssistant: Satıcı:	Yes, sure. Here is the fitting room. Tabii. Kabin burada.
Seda: Seda:	I love the black one. Siyahı çok beğendim.
Sales Assistant: Satıcı:	It really suits you. Size çok yakıştı.
Seda: Seda:	Thank you. How much is it? Teşekkür ederim. Kaç lira?
Shop assistant: Satıcı:	It is 130 lira. Yüz otuz lira.
Seda:	Can I return the trousers? I bought them last week.

Seda:	Bu pantolonu geri verebilir miyim? Geçen hafta aldım.
Shop Assistant:	Of course. Here is the till. What is wrong with the product?
Satıcı:	Tabii. Kasa burada. Sorun nedir?
Seda:	They are very big.
Seda:	Çok büyük.
Sales Assistant:	No problem. The trousers are 140 Turkish lira. Here is your change.
Satıcı:	Sorun değil. Pantolon yüz kırk lira. Buyurun para üstünü.
Seda:	Thank you so much. Good bye.
Seda:	Çok teşekkür ederim.
Shop assistant:	Good bye.
Satıcı:	Güle güle.

1. Yarın gece için bu elbise tam istediğim gibi. Bedeni uygun, ama renginden emin değilim...

2. Bence rengi de çok güzel, ama denemelisin. Sen denerken ben de dün aldığım pantolonu değiştireyim.

13 AT THE PARK • PARKTA

Words • Kelimeler

Azure: Masmavi

Beach: Sahil

Birds: Kuşlar

Blue: Mavi

Cup: Fincan

Delicious: Lezzetli

Sea: Deniz

Seagull: Martı

Sun: Güneş

Tea: Çay

To pay: Ödemek

To walk: Yürümek

Turkish coffee: Türk kahvesi

Weather: Hava

Umut: Hello Alisya, how are you?
Umut: Merhaba Alisya, nasılsın?

Alisya: Hello Umut, I am fine, thank you.
Alisya: Merhaba Umut, iyiyim teşekkür ederim.

Umut: It's a great idea to have a walk in the park.
Umut: Parkta yürüme fikri harika.

Alisya: I agree.
Alisya: Katılıyorum.

Umut: The weather is beautiful and sunny.
Umut: Hava çok güzel ve güneşli.

Alisya: Yes, the sky is azure. There are birds everywhere.
Alisya: Evet, gökyüzü masmavi. Heryerde kuşlar var.

Umut: Look, there are seagulls over there. The sea and the beach look wonderful from here.
Umut: Bak, orada martılar var. Deniz ve sahil muhteşem görünüyor buradan.

Alisya: **Yes, everything is very beautiful. Shall we sit here?**
Alisya: Evet, her şey çok güzel. Burada oturalım mı?

Umut: **Good idea.**
Umut: İyi fikir.

Waiter: **Welcome. What would you like to drink?**
Garson: Hoşgeldiniz. Ne içersiniz?

Alisya: **A glass of weak tea for me, please.**
Alisya: Bana bir bardak açık çay lütfen.

Umut: **A cup of Turkish coffee for me, please.**
Umut: Bana bir fincan Türk kahvesi lütfen.

Waiter: **Here you are, your drinks.**
Garson: Buyurun, içecekleriniz.

Alisya: **Thank you.**
Alisya: Teşekkür ederim.

Umut: Thank you.
Umut: Sağolun.

Alisya: The tea was delicious.
Alisya: Çay çok lezzetliydi.

Umut: The coffee was just how I like it.
Umut: Kahve tam istediğim gibiydi.

Alisya: I need to go shopping.
Alisya: Ben alışverişe gitmeliyim.

Umut: Shall we go?
Umut: Gidelim mi?

Alisya: Yes, please.
Alisya: Evet, lütfen.

Umut: Excuse me, the bill please.
Umut: Affedersiniz, hesap lütfen.

Alisya: I would like to pay the bill.
Alisya: Hesabı ben ödemek istiyorum.

Umut: This time it is on me.
Umut: Bu sefer benden olsun.

Aliya: OK, thank you. Shall we meet up here tomorrow at the same time?
Alisya: Tamam, teşekkür ederim. Yarın yine aynı saatte burada buluşalım mı?

Umut: Wonderful idea.
Umut: Harika fikir.

Aliya: See you tomorrow.
Alisya: Yarın görüşürüz.

Umut: Look after yourself. See you tomorrow.
Umut: Kendine iyi bak. Yarın görüşürüz.

14 AT THE PATISSERIE • PASTANEDE

Words • Kelimeler

Apple cookies: Elmalı kurabiye

Baklava: Baklava

Birthday: Doğum günü

Birtday cake: Yaş pasta

Circular bread: Simit

Cake: Kek

Candle: Mum

Delicious: Lezzetli

Dessert: Tatlı

Fresh: Taze

Rice pudding: Sütlaç

Salted cookie: Tuzlu pasta

Semolina cake: Revani

Sugar cookie: Şekerpare

Sweet cheese pastry: Künefe

Turkish delight: Lokum

Yaş pasta
Birthday cake

Circular bread
Simit

Candle - Mum

Turkish delight
Lokum

Baker:	Hello and welcome.
Pastacı:	Merhaba ve hoşgeldiniz.

Customer:	Hello.
Müşteri:	Merhaba.

Baker:	How can I help you?
Pastacı:	Nasıl yardımcı olabilirim?

Customer:	Everything looks delicious.
Müşteri:	Her şey çok lezzetli görünüyor.

Baker:	They are all fresh.
Pastacı:	Her şey taze.

Customer: **Today is my daughter's birthday.**
Müşteri: Bugün kızımın doğum günü.

Baker: **Happy birthday to her.**
Pastacı: Doğum günü kutlu olsun.

Customer: **Thank you. Is there a large birthday cake?**
Müşteri: Teşekkür ederim. Büyük boy yaş pasta var mı?

Baker: **Yes. Here it is.**
Pastacı: Evet, buyurun.

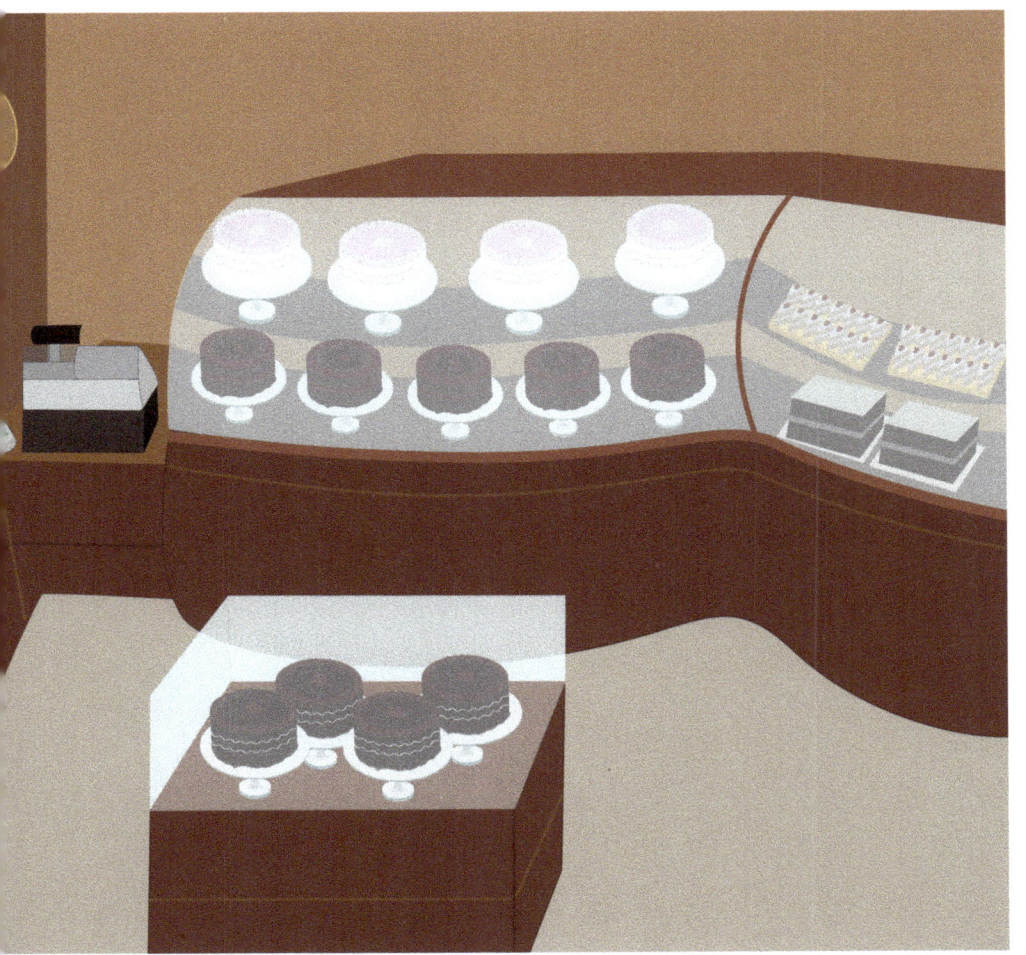

Customer: How many people does it serve?
Müşteri: Kaç kişilik?

Baker: Twelve.
Satıcı: On iki.

Customer: That is enough for everyone.
Müşteri: Bu herkes için yeterli.

Baker: What else would you like?
Pastacı: Başka ne istersiniz?

Customer: A kilo of Turkish delight and half a kilo of salted cookies please.
Müşteri: Bir kilo lokum ve yarım kilo tuzlu pasta.

Baker: Of course. What else?
Pastacı: Tabii. Başka?

Customer: A kilo of baklava and two kilos of apple cookies please.
Müşteri: Bir kilo baklava ve iki kilo elmalı kurabiye lütfen.

Baker: They are all ready. Here you are.
Pastacı: Hepsi hazır. Buyurun.

Customer: How much?
Müşteri: Ne kadar?

Baker: Five hundred (500) Lira. I also put some candles in the bag.
Pastacı: Beş yüz (500) Lira. Poşete mumda koydum.

Customer: Thank you so much. Here you are. Have a nice day.
Müşteri: Çok teşekkür ederim. Buyurun. İyi günler.

Baker: Have a nice day.
Pastacı: İyi günler.

15 AT THE GOLDSMITH • KUYUMCUDA

Words • Kelimeler

Anything else: Başka bir şey

Bracelet: Bilezik

Karat: Ayar

Gift/Present: Hediye

Gold: Altın

Goldsmith: Kuyumcu

Earrings: Küpe

Elegant: Zarif

Necklace: Kolye

Price: Fiyat

Ring: Yüzük

Sale: İndirim

Valentine's Day: Sevgililer Günü

Kolye
Neklace

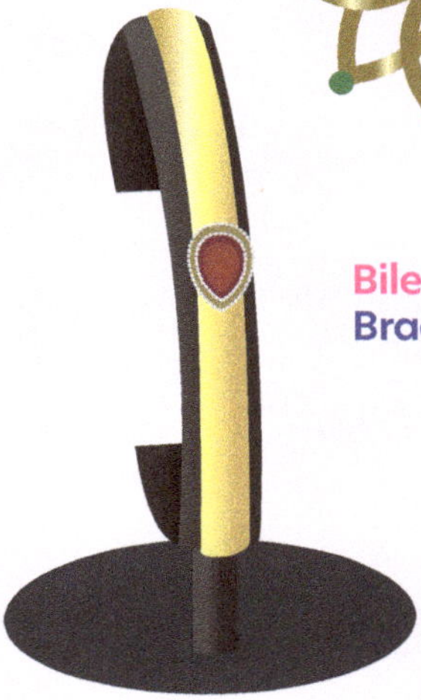

Bilezik
Bracelet

Küpe - Earrings

Yüzük
Ring

Goldsmith: Can I help you?
Kuyumcu: Yardım edebilir miyim?

Customer: Yes. I'd like to buy some presents for my wife.
Müşteri: Evet, eşim için hediyeler almak istiyorum.

Goldsmith: Today is Valentine's Day and all the gold jewelleries are on sale.
Kuyumcu: Bugün Sevgililer Günü ve bütün altın takılarımız indirimde.

Customer: That's great. What have you got?
Müşteri: Bu harika. Neler var?

Goldsmith: We have 14k, 18k and 22k gold necklaces, bracelets, rings, and earrings.
Kuyumcu: On dört (14), on sekiz (18) ve yirmi iki (22) ayar altın kolyeler, bilezikler, yüzükler ve küpelerimiz var.

Customer: May I have a look?
Müşteri: Bakabilir miyim?

Goldsmith: Sure. What about this 22k necklace? It's regular price is two thousand (2000) lira, and now you can have it with a twenty five (25) % discount.
Kuyumcu: Tabii ki. Bu yirmi iki (22) ayar kolyeye ne dersiniz? Normal fiyatı iki bin (2000) lira, ve şimdi yüzde yirmi beş (% 25) indirimle alabilirsiniz.

Customer: It's very elegant. I'll take it.
Müşteri: Çok zarif. Alıyorum.

Goldsmith: All right. Is there anything else you want?

Kuyumcu:	Tamam. İstediğiniz başka bir şey var mı?
Customer:	**Could you show me that ring with black stone?**
Müşteri:	Şu siyah taşlı yüzüğü gösterir misiniz?
Goldsmith:	**Yes. Here you are. This is a unique piece. Today you can have this ring for five thousand (5000) Lira.**
Kuyumcu:	Evet. Bu değerli bir parça. Bugün bu yüzüğü beş bin (5000) liraya alabilirsiniz.
Customer:	**It's beautiful. I'll take it. How much in total?**
Müşteri:	Çok güzel. Alıyorum. Toplam ne kadar?
Goldsmith:	**All right. In total, it is six thousand and five hundred (6500) Lira.**
Kuyumcu:	Tamam. Toplam, altı bin beş yüz lira (6500) Lira.
Customer:	Buyurun.
Müşteri:	**Here you are.**
Goldsmith:	**Your wife is very lucky.**
Kuyumcu:	Eşiniz çok şanslı.
Customer:	**I am the lucky one.**
Müşteri:	Şanslı olan benim.
Goldsmith:	**Have a good day.**
Kuyumcu:	İyi günler.

16 TRAIN RESERVATION
TREN REZERVASYONU

Words • Kelimeler

Cost: Fiyat

First-class: Birinci sınıf

How much? Ne kadar?

One way ticket: Tek yönlü bilet

Diner: Lokanta

Roundtrip ticket: Gidiş dönüş bileti

Platform: Peron

Ticket: Bilet

To go: Gitmek

To prefer: Tercih etmek

Train: Tren

Valid: Geçerli

Ticket Agent: May I help you?
Bilet Satış Sorumlusu: Yardımcı olabilir miyim?

Bertan: I'd like to book two roundtrip tickets to Ankara.
Bertan: Ankara'ya iki gidiş dönüşlü tren bileti istiyorum.

Ticket Agent: Ok. When are you leaving?
Bilet Satış Sorumlusu: Tamam. Ne zaman gidiyorsunuz?

Bertan: Next Tuesday.
Bertan: Önümüzdeki Salı günü.

Ticket Agent: What time?
Bilet Satış Sorumlusu: Saat Kaçta?

Bertan: As far as I know, there is a train that leaves for Ankara at 10.00 a.m. I'd like to go by that train.
Bertan: Bildiğim kadarı ile sabah 10.00 (On) 'da Ankara'ya giden bir tren var. O trenle gitmek istiyorum.

Ticket Agent: OK.
Bilet Satış Sorumlusu: Tamam.

Bertan: Will the train stop anywhere before Ankara?
Bertan: Tren, Ankara'dan önce herhangi bir yerde duracak mı?

Ticket Agent: No, it won't stop.
Bilet Satış Sorumlusu: Hayır, durmayacak.

Bertan: Is there a diner on this train?
Bertan: Bu trende lokanta var mı?

Ticket Agent: Yes, and the food is very delicious.
Bilet Satış Sorumlusu: Evet, ve yemekler çok lezzetli.

Bertan: Wonderful. Do they serve vegan food?
Bertan: Harika. Vegan yemek servisi var mı?

Ticket Agent: Is that for you?
Bilet Satış Sorumlusu: Sizin için mi?

Bertan: No, for my sister.
Bertan: Hayır, ablam için.

Ticket Agent: I am sure they serve.
Bilet Satış Sorumlusu: Eminim vardır.

Bertan: Thank you.
Bertan: Teşekkürler.

Ticket Agent: I'll reserve for you two tickets for the 10.00 o'clock Tuesday train.
Bilet Satış Sorumlusu: Ben, Salı saat 10.00 (On) treni için size iki bilet ayırıyorum.

Bertan: Roundtrip tickets?
Bertan: Gidiş dönüş değil mi?

Ticket Agent: Yes, it is not one way.
Bilet Satış Sorumlusu: Evet, tek yönlü değil.

Bertan: Which platform does the Ankara train leave from?
Bertan: Ankara treni hangi perondan kalkıyor?

Ticket Agent: Platform 2b.
Bilet Satış Sorumlusu: Peron 2 (iki) b.

Bertan: How much is it?
Bertan: Fiyatı ne kadar?

Ticket Agent: 200 Lira.
Bilet Satış Sorumlusu: İki yüz Lira.

Bertan: How much is the first-class ticket?
Bertan: Birinci sınıf bilet ne kadar?

Ticket Agent: 1000 lira
Bilet Satış Sorumlusu: Bin (1000) lira.

Bertan: First class ticket please.
Bertan: Birinci sınıf bilet lütfen.

Ticket Agent: Your name, please?
Bilet Satış Sorumlusu: İsminiz lütfen?

Bertan: Bertan Mutlu. Where can I get the tickets?
Bertan: Bertan Mutlu. Biletleri nereden alabilirim?

Ticket Agent: At the railroad station, window No. 11.
Bilet Satış Sorumlusu: Tren istasyonundan, on bir (11) numaralı pencere.

Bertan: Thank you.
Bertan: Teşekkürler.

Ticket Agent: Have a good day.
Bilet Satış Sorumlusu: İyi günler.

GEOGRAPHY
HISTORY

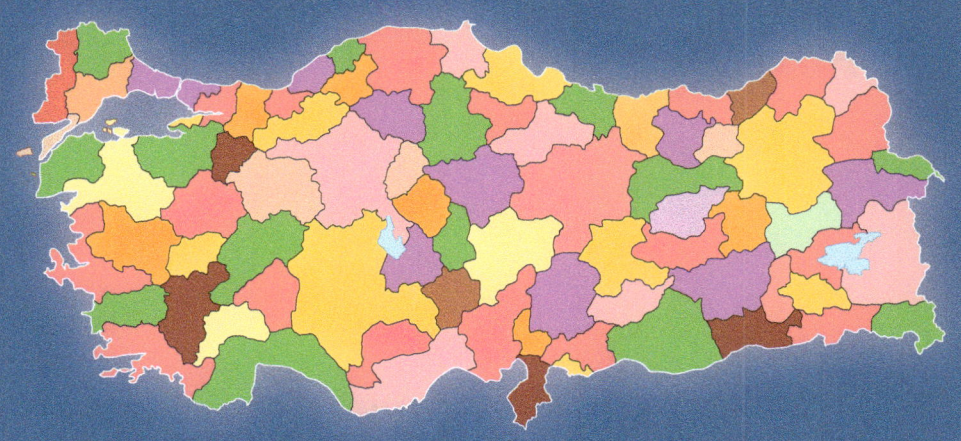

COĞRAFYA
TARİH

PLACES TO VISIT IN TÜRKİYE

Galata Kulesi
Galata Tower (İstanbul)

Officially considered among the oldest towers (approximately around 507-508 AD) in the world and one of the symbols of Istanbul, Galata Tower in the Galata part of the Beyoğlu district of Istanbul, Türkiye. It was built and used as a watchtower or a lighthouse at the highest point of the Walls of Galata to help defend the city. The tower is now an exhibition space and museum, and a symbol of Beyoğlu and Istanbul.

Dünyada bilinen en eski (yaklaşık olarak MS 507-508) kulelerden biri olan Galata Kulesi İstanbul'un Beyoğlu ilçesinde bulunan bir kuledir. O zamanlar bir gözetleme kulesi olarak inşa edilen kule şu anda bir sergi mekânı ve müze olarak hizmet verir. Hem Beyoğlu'nun hem de İstanbul'un sembolik yapılarındandır.

TÜRKİYE'DE GEZİLECEK YERLER

Kız Kulesi
Maiden Tower (İstanbul)

This elegant building, which is the symbol of Üsküdar, is at the mouth of the Bosphorus was built on a tiny island off Salacak. This tower is the subject of many legends. One of these is the legend of Leander's Tower, which also gave its name to the tower. The Maiden's Tower's history dates to 24 BC and has been used as places like a defence castle, exile station, radio station, tax point and lighthouse throughout its history.

Üsküdar'ın simgesi durumunda olan bu zarif yapı, İstanbul Boğazı'nın ağzında Salacak açıklarındaki küçücük bir adanın üzerine inşa edilmiş bir yapıdır. Bu kule bir çok efsaneye konu olmaktadır. Bunlardan biri de, kuleye adını da vermiş olan (Leander's Tower) Leandros efsanesi'dir. Tarihi MÖ 24 yılına kadar uzanan bu kule günümüze kadar savunma kalesi, sürgün istasyonu, karantina odası, radyo istasyonu, vergi noktası ve deniz feneri gibi yerler olarak kullanılmıştır.

Dolmabahçe Sarayı
Dolmabahçe Palace (İstanbul)

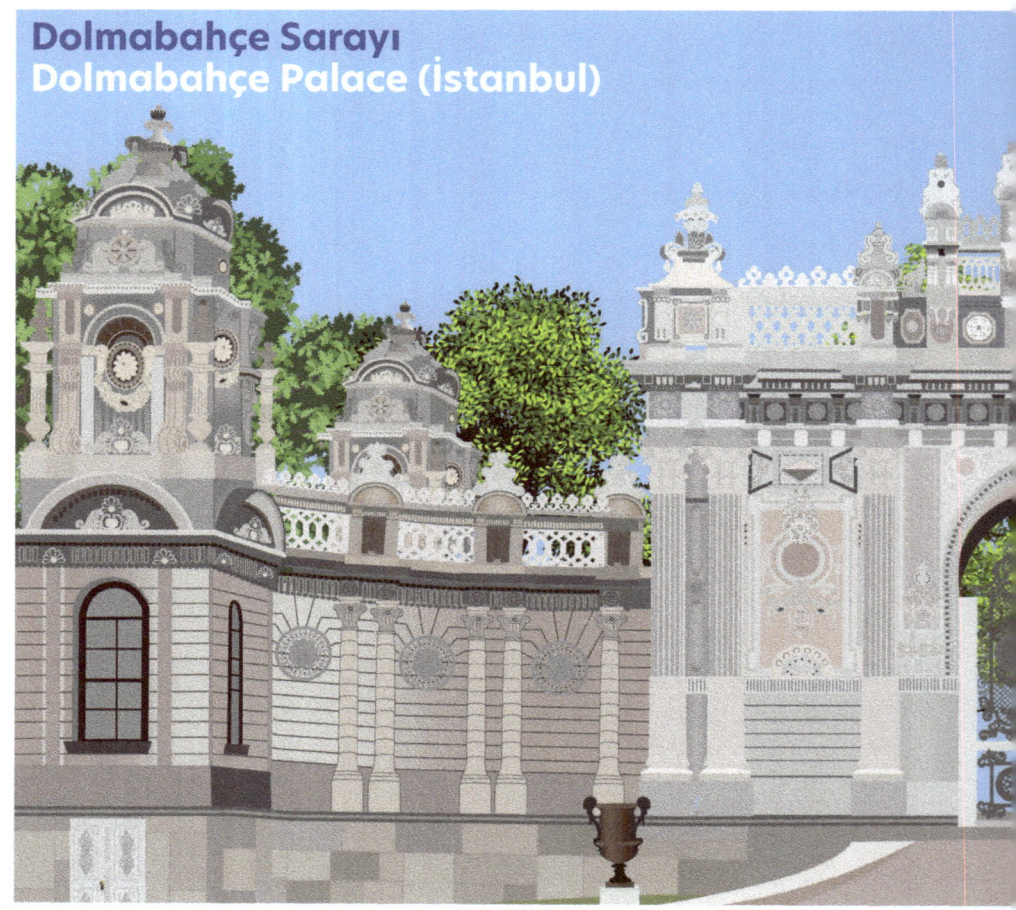

Dolmabahçe Palace that is located in the Beşiktaş district of Istanbul, was originally a bay that had served as a natural harbour since ancient times. Mustafa Kemal Atatürk who was the leader and the founder, and the first President of the Republic stayed in the palace for four years at intervals between 1927-1938, carried out his work here and died here.

The main building which runs parallel to the sea along the coast is divided into three sections. These are Selamlık, Harem and the Inspection Hall. The palace, which has 285 rooms, 44 halls, 68 toilets and 6 baths in total, is the largest palace in Türkiye.

İstanbul'un Beşiktaş bölgesinde yer alan Dolmabahçe Sarayı, antik çağlardan beri pek çok kez gemilerin sığındığı doğal liman görünümünde bir koy olarak bilinmektedir. Mustafa Kemal Atatürk, 1927-1938 yılları arasında sarayda aralıklarla 4 yıl kalmış, çalışmalarını buradan yürütmüş ve burada vefat etmiştir. Kıyı boyunca denize paralel uzanan ana yapı üç bölüme ayrılmıştır.Bunlar, Selamlık, Harem ve Muayede Salonu'dur. Toplamda 285 odası, 44 salonu, 68 tuvaleti ve 6 hamamı bulunan bu saray, Türkiye'deki en büyük saray durumundadır.

Balıklı Göl
Balıklı Lake (Şanlıurfa)

Balıklı Göl is among the most visited places in Şanlıurfa. It is believed that Balıklı Göl is where Nimrod threw the Prophet Abraham into a fire and that the fire in the place where Abraham was thrown turns into a lake, and the wood burning in the fire turns into fish. The fish in the lake are considered sacred. It is rumoured that those who catch the fish living in Balıklı Göl will suffer various troubles. For this reason, no one touches the fish in this lake.

Şanlıurfa'da yer alan Balıklı Gölde Hz. İbrahim'in atıldığı yerdeki ateşin göle, ateşte yanan odunlarınsa balıklara dönüştüğüne inanılır. Balıklı Göl'de yaşayan balıkları tutanların olumsuzluklarla karşılaşacağı rivayet edilir. Bu sebeple bu göldeki balıklara kimse dokunmaz. Dinen kutsal sayılan balıkları ve çevrelerindeki tarihi eserleri ile Şanlıurfa'nın en çok ziyaret edilen tarihî mekanlarındandır.

Düden Şelalesi
Düden Waterfalls (Antalya)

Düden Waterfalls are a cascade of several waterfalls that flow into the Düden River where sheds light on history with its ancient ruins. The height of the Düden Waterfalls is 27.5 meters. Düden Waterfalls are located 10 kilometers from the province of Antalya, Türkiye. There is an opportunity where people can walk behind the waterfall and admire the views of water flows from the back of the waterfall.

Bir çok şelalenin bir araya gelerek oluşan Düden Şelalesi antik kalıntılarla tarihe ışık tutuyor. Antalya şehir merkezine yaklaşık 10 kilometre uzaklıkta olan Düden Şelalesi, doğal güzelliğinin yanında ziyaretçilerini tarihte bir yolculuğa çıkarıyor. Şelalenin arkasından manzaranın görünümü için ayrıca olanak sunulmuş.

Anıtkabir Müzesi
Anıtkabir Museum (Ankara)

Anıtkabir is the mausoleum of Mustafa Kemal Atatürk, the leader and the founder and the first President of the Republic of Türkiye. The complex was constructed between 1944 and 1953 to be the final resting place of Mustafa Kemal Atatürk. This modern architecture is located in Ankara the country's capital. For people who come to visit Ankara, the museum is both one of Türkiye's most prominent examples of mid-20th century architecture and an important symbol honouring Atatürk and the birth of the republic.

1944- 1953 yılları arasında inşa edilmiş bu müze, Türkiye Cumhuriyeti'nin kurucusu ve ilk Cumhurbaşkanı olan Mustafa Kemal Atatürk'ün son dinlenme yeridir. Bu modern yapı ülkenin başkenti olan Ankara'da yer almaktadır. Ankara'ya gelen ziyaretçiler için müze, hem Türkiye'nin 20. yüzyıl ortası mimarisinin en önemli örneklerinden biri hem de Atatürk'ü ve cumhuriyetin doğuşunu onurlandıran önemli bir semboldur.

Pamukkale (Denizli)

Pamukkale, also known as cotton castle, velvet white rocks and the white paradise is in a natural site in Denizli Province in Türkiye. This landscape is made up of carbonate mineral left by the flowing of thermal spring water and petrified waterfalls, hot pools, and terraced basins.

The thermal spa was established at the end of the 2nd century B.C. At the landscape, you can also see the ruins of the baths, temples, and other Greek monuments.

Turkish people believe that bathing in the pools will cure illnesses such as nutritional and chronic disorders, digestive and circulatory problems, eye, and skin diseases.

Kadife beyaz kayalar ve beyaz cennet olarak bilinen Pamukkale, Türkiye'deki Denizli ilinde doğal bir mevkidir. Bu alan kent kaplıcaları, sıcak havuzları, akan sulardan kalan karbonat mineralleri ve travertenleri ile Hastalerin büyük beğenisini kazanmıştır.

Termal kaplıcası MÖ 2. yüzyılın sonunda kurulmuştur. Bu alanda hamam, tapınak ve diğer Yunan anıtlarının kalıntıları da görebilirsiniz.

Türkler, havuzlarda yıkanmanın beslenme ve kronik rahatsızlıklar, sindirim ve dolaşım sorunları, göz ve cilt hastalıkları gibi hastalıklara iyi geldiğine inanıyorlar.

Zeugma Mozaik Müzesi
Zeugma Mosaics Museum (Gaziantep)

Zeugma Mosaic Museum, in the town of Gaziantep, Türkiye, is the biggest mosaic museum in the world in terms of both the size of the building and the area covered by the mosaics on display. The museum is admired by so many Patients of all ages who are interested in history and culture as well as art historians and archaeologists. The famous "Gypsy Girl" mosaic where the face reflects the joy and sadness at the same time is one of the most important art work that can be seen in that museum. The museum, which has a rich collection of mosaics in terms of subject and colour also contains variety of statues, columns and fountains from the Roman Period.

Binanın büyüklüğü ve sergilenen mozaiklerin kapladığı alan bakımından, dünyanın en büyük mozaik müzelerinden biri olarak bilinmektedir. Bu müze sanat tarihçileri ve arkeologlarla birlikte tarih ve kültüre ilgi duyan her yaştan ziyaretçi için önemli ve popüler bir müzedir . Yüzündeki neşe ve hüznü aynı anda yansıtan Çingene Kızı Mozaiği' müzenin en önemli eserleri arasındadır. Konu ve renk açısından zengin bir mozaik koleksiyonuna sahip olan müzede mozaiklerin haricinde, Roma Dönemi'ne ait heykeller, sütunlar ve çeşmeleri de görmek mümkündür.

COUNTRIES • ÜLKELER

Country	Ülke	Language	Dil
Afghanistan	Afganistan	Persian, Pashto	Farsça, Peştuca
Argentina	Arjantin	Spanish	İspanyolca
Australia	Avustralya	English	İngilizce
Brazil	Brezilya	Portuguese	Portekizce
Canada	Kanada	English, French	İngilizce, Fransızca
Chile	Şili	Spanish	İspanyolca
China	Çin	Chinese	Çince
Egypt	Mısır	Arabic	Arapça
England	İngiltere	English	İngilizce
France	Fransa	French	Fransızca
Germany	Almanya	German	Almanca
Greece	Yunanistan	Greek	Yunanca

Country	Ülke	Language	Dil
Iraq	Irak	Kurdish, Arabic	Kürtçe, Arapça
Iran	İran	Persian	Farsça
Israel	İsrail	Hebrew	İbranice
Italy	İtalya	Italian	İtalyanca
Japan	Japonya	Japanese	Japonca
Jordan	Ürdün	Arabic	Arapça
Korea	Kore	Korean	Korece
Lithuania	Litvanya	Letvian	Litvanyaca
Malaysia	Malezya	Malay	Malayca
Mexico	Meksika	Spanish	İspanyolca
New Zealand	Yeni Zelanda	English	İngilizce
Poland	Polonya	Polish	Lehçe

Country	Ülke	Language	Dil
Portugal	Portekiz	Portuguese	Portekizce
Romania	Romanya	Romanian	Romanca
Russia	Rusya	Russian	Rusça
Saudi Arabia	Suudi Arabistan	Arabic	Arapça
Spain	İspanya	Spanish	İspanyolca
Taiwan	Tayvan	Thai	Tay dili
Thailand	Tayland	Thai	Tay dili
Türkiye	Türkiye	Turkish	Türkçe
Ukraine	Ukrayna	Ukrainian	Ukraynaca
United States	Amerika	English	İngilizce
Venezuela	Venezüella	Spanish	İspanyolca

www.ingramcontent.com/pod-product-compliance
Lightning Source LLC
Chambersburg PA
CBHW040241130526
44590CB00049B/4120